헌사

먼저 열정과 에너지를 가진 젊은이들에게 이 책을 바칩니다. 철학의 근본적인 문제에 대한 그들의 관심과 뛰어난 안목을 가까이서 지켜보는 것은 무척 소중한 경험이었습니다. 다음으로 어린 학생들을 가르치는 노하우를 기꺼이 전수해주신 여러 선생님께 이 책을 바칩니다.

철학하는 십대가 세상을 바꾼다

PHILOSOPHY FOR KIDS

세상을 이끄는 0.1%의 생각단련 프로그램

데이비드 A. 화이트 박사 지음 | 김효정 옮김

카시오페아
Cassiopeia

철학자처럼 똑똑하게 생각하는 법

오랫동안 대학에서 의욕도 반응도 없는 대학생들에게 철학을 가르치던 나는, 1993년에 처음으로 시카고의 6~8학년(우리나라의 초등 6학년~중2) 학생을 대상으로 일차자료를 활용한 철학 수업을 진행하게 되었습니다. 시카고 교육청의 후원을 받는 프로그램이었지요. 그 해 이후로 노스웨스턴대학의 영재교육센터에서도 4~9학년(초등 5학년~중3)을 대상으로 다양한 철학 수업을 하고 있습니다.

수업은 주로 철학의 역사에서 가장 중요한 철학자들의 짧은 경구를 분석하는 방식으로 진행되었어요. 수업 시간에 나와 학생들은 많은 의견을 나누었답니다. 물론 격렬한 논쟁을 벌이기도 했지요. 그중 자기 주장이 강하고 통찰력이 뛰어났던 한 6학년 학생의 말이 특히 기억에 남네요. 어느 날 그 아이는 수업이 끝난 후 내게 이런 멋진 말을 했답니다. "나는 철학이 정말 좋아요. 논쟁을 통해 많은 것을 얻을 수 있으니까요!"

　이 어린 청중들은 의욕이 넘쳤고 반응도 매우 적극적이었어요. 실제로 어린 학생들과 진지하게 철학을 논한 7년 동안 나는, 아이들이 어려운 문제에 대해서도 매우 진지하게 생각한다는 인상을 받았습니다. 적절한 주제만 제시되면 어린 학생들은 놀랍도록 새로운 의견을 말했어요. 그들은 때때로 엄청난 집중력과 통찰력을 보여 주었으며, 문제에 대해 깊이 생각해 자기 생각을 표현하고, 다른 견해에 대해 논쟁을 벌이는 활동을 매우 즐겼답니다. 학생들은 내게 "멋쟁이 철학 선생님 안녕하세요!"라고 인사하곤 했는데, 여기서도 철학에 대한 그들의 관심을 엿볼 수 있어요. 나는 결코 '멋쟁이'가 아니지만, 학생들이 나를 그렇게 생각한다면 철학을 가르치는 것은 분명 '멋진' 일이란 뜻이겠지요.

　책은 일반적인 철학적 사유의 형식에 재미와 엉뚱함을 가미하여 학생들에게 철학자처럼 사고하는 방법을 가르칩니다. 열 살 이상의 학생이라면 누구든지 이 책을 뒤적이면서, 철학적 사고라는 놀라운 세계로 초대하는 심오한 문제들을 풀어볼 수 있답니다. 나의 희망은 학생들이 이런 문제를 깊이 생각하면서, 즐거움과 유용한 지식을 얻는 것이랍니다. 철학에 흥미를 갖게 된 학생들이 스스로 다른 철학 책들을 찾아서 읽게 된다면 더 바랄 게 없겠지요!

의문을 갖는 데서 철학은 시작된다

고대 그리스인들은 의문을 갖는 데서 철학이 시작된다고 믿었습니다. 그것이 사실이라면 모든 사물에 대해 자연스럽게 의문을 품는 어린 학생이야말로 가장 훌륭한 철학자이지요. 일상적인 사건을 겪을 때 우리가 느끼는 감정의 원인은 무엇인지, 동물이나 식물이 어떻게 지금의 모습을 가지게 되었는지, 밤하늘의 별이 왜 반짝이는지, 기계가 어떻게 작동하는지 의문을 가진 적이 있다면 여러분은 이미 철학자랍니다.

이 책은 이렇게 의문을 갖는 습관을 기르고, 그 궁금증을 여러 방향으로 확대하려는 의도로 쓴 책이에요. '철학philosophy'이라는 단어는 그리스인이 만든 단어로, '지혜에 대한 사랑'이라는 뜻이지요. 철학자라고 해서 모두 지혜로운 것은 아니지만, 철학자라면 모두 지혜로워지고 싶어해요. 여기에서 지혜란 무엇에 대한 지혜일까요? 철학에서는 일반적으로 우리 자신, 우리 주위의 사람, 우리가 사는 세계 등 모든 사물에 대한 지혜를 말한답니다.

여러분이 친구라고 생각했던 사람이 정말 친구가 맞는지 고민해본 적이 있나요? '지금이 몇 시인가?'보다 훨씬 어려운 질문인 '시간이란 무엇인가?'에 대해서는요? 우리가 숫자에 대해 생각하지 않으면 숫자에 무슨 일이 일어날지 궁금하지 않나요? '주위에 아무도 없을 때 숲에서 나무가 쓰러지면 소리를 내는가?' 같은 오래된 질문이 철학에서 매우 중요하다는 사실을 알고 있나요? 이 질문들은 여러분이 이 책에서 공부하게 될 질문 중 몇 가지를 예로 든 거예요. 물론 이 책에는 이보다 더 흥미로운 질문이 얼마든지 있답니다.

철학자들은 약 3천 년 동안이나 이런 질문에 대해 생각해왔어요. 이들 철학자는 생김새도 인종도 국적도 서로 달라요. 남성, 여성, 노인, 중년, 젊은이 모두 철학자가 될 수 있지요. 물론 여러분처럼 어린 나이에도 얼마든지 철학자가 될 수 있답니다. 이 책에서 여러분은 철학자들의 흥미를 끌어온 40가지 질문을 만나게 될 거예요. 그중에는 '거짓말을 해도 되는가?' 또는 '컴퓨터는 생각할 수 있는가?' 같이 예전에 이미 생각해보았던 질문도 있을 거예요. 물론 전혀 새로운 질문도 등장하지요. '사물이 움직인다는 것을 어떻게 확신할 수 있을까?' 또는 '아무것도 생각하지 않는 것이 가능한가?'처럼 말이죠. 목차에서 질문을 살펴보고 전에 생각해보았거나 다른 사람에게 물었던 질문이 있는지 찾아보세요. 재미있어 보이는 질문이 있다면 그 질문이 나오는 페이지를 펼쳐보세요. 그리고 당장 철학을 시작하는 거죠!

각 질문의 시작 부분에서는 질문의 내용을 간단히 설명해요. 이어서 질문에 대해 깊이 생각하고 흥미로운 지식을 얻도록 도와주는 연습문제가 등장해요. 다음에는 각 질문에 대한 주요 철학자의 해답이 제시되어 있어요. (페이지 맨 위의 제목 옆에 해당 철학자의 이름을 표시하였어요.) 철학자의 생각을 이해한 다음에는 질문에 대한 여러분 자신만의 답을 찾도록 도와주는 '생각 더하기' 코너가 있답니다. 또한 이 책의 마지막에는 '용어 해설'이 있어 중요한 철학 개념을 다시 한 번 복습할 수 있지요.

철학은 수학과 달리 책 뒷면에 정답이 나와 있지 않아요. 사실 철학자들은 어떤 질문에 답을 찾았다는 생각이 들어도 생각을 멈추지 않는답니다. 이 책에 실린 토론과 연습문제도 재미있어 보이지만 사실 상당히 까다로운 문제들이에요. 예를 들어, '아무것도 생각하지 않을 수 있는가?'라는 질문은 쉽게 대답할 수 있을 것 같아도 사실 그렇지 않지요. 40개의 질문은 한 가지 정답을 제시하기보다는 그 문제에 대해 더 깊이 생각하도록 유도하고 있어요. 여러분 모두 철학에 대해 호기심을 갖고 즐겁게 배울 수 있기를 바라요!

40개의 질문으로 짚어보는 철학의 흐름

이 책은 네 개의 영역으로 나눌 수 있어요. 각 영역은 가치, 인식, 실재, 비판적 사고라는 철학의 네 가지 주요 분야를 대표해요. 그 전문적 명칭은 윤리학(가치), 인식론(인식), 형이상학(실재), 논리학(비판적 사고)입니다. 철학은 하위 논제에 따라 더 세분될 수 있지만, 일반적으로 이 네 가지 분야를 철학에서 가장 핵심적인 영역으로 인식하지요.

네 개의 영역은 일정한 순서로 배치되었어요. 먼저 직접적인 사회적 관계를 다루는 '가치'에서 시작하여, '인간은 어떻게 인식하는가?', '진실이란 무엇인가?'라는 추상적인 주제로 넘어갑니다. 이 순서는 어린 학생들의 일반적인 관심을 반영해요. '가치' 영역은 학생들이 일상적으로 종종 부딪치는 주제인 '공정함'과 '우정'부터 시작되지요. 인식 분야의 질문들은 개인의 삶과 직접적인 관련이 적기 때문에 제2부에 등장합니다. 진실의 본질과 관련한 문제는 제3부에서 다루는데, 가장 추상적인 문제이지만 학생들이 일단 관심을 두기 시작하면 가장 흥미를 느낄 수 있는 분야이지요. 마지막으로 제4부의 비판적 사고 영역에서는 명확하고 논리적인 사고에 대한 질문을 보여줍니다. 이 영역은 처음 세 영역뿐 아니라 정규 교육과정에서 가르치는 모든 과목에 적용되기 때문에 책 내용을 마무리하는 역할을 한답니다.

처음 세 영역의 질문들은 모두 철학의 태동기부터 오늘날에 이르기까지 철학자들의 생존 연대순으로 배열했어요. 이 배열 원칙은 철학이 역사적 차원을 갖고 있으며, 후대의 철학자들이 선배들에게서 많은 것을 배웠다는 사실을 간접적으로나마 보여주지요.

40개의 질문을 순서대로 공부한다면, 결과적으로 철학의 역사적 흐름을 이해할 수 있을 거예요. 윤리학, 인식론, 형이상학, 논리학의 영역을 순서대로 알게 되어 철학이라는 학문에 대해 개괄적인 지식을 얻게 될테고요. 물론 반드시 이렇게 포괄적으로 접근해야 하는 것은 아니에요. 선생님과 부모님은 학생의 관심과 필요에 따라 어떤 질문이든 순서 없이 자유롭게 수업을 진행할 수 있답니다.

40가지 질문 사이의 연관성은 각 질문 안에 표시되어 있어요. 예를 들어 우정에 관한 아리스토텔레스의 이론(질문 #2)에는 정의에 대한 플라톤의 사상을 다루는 질문 #1을 참조하라는 말이 나와요. '도입'에서 밝혔듯 주제 사이의 연관성은 철학이 유기적인 학문임을 보여주지요. 특정 주제에 대한 관심은 원래 질문과는 크게 상관없어 보이는 다양한 주제로 이어질 수 있어요. 철학에서는 모든 주제가 서로 관계가 있기 때문이지요.

몇몇 선생님은 수업 시간에 이 책을 교과서로 활용하여 흥미로운 질문과 대답들을 학생들에게 소개했어요. 그러나 이 책은 애초에 교과서로 쓰기 위해 집필한 것은 아니랍니다. 그저 재미있는 철학책을 의도했을 뿐이지요.

이 책과 연관하여 선생님과 학부모를 위해 기획된 '철학자가 아니면서 철학을 가르치는 법'이라는 부록을 수록했어요. '철학자가 아니면서 철학을 가르치는 법'에서는 이 책의 구성, 수업의 진행, 질문 검토 및 지도 요령 등 이 책을 효과적으로 이용하는 데 도움이 될 만한 자료들을 수록하였어요. 수업 등 좀 더 공식적인 상황에서 활용하고자 한다면 도움될 거예요.

연습문제에 대한 주의 사항

이 책에는 여러분이 철학적 개념을 즐겁게 이해할 수 있도록 많은 연습문제를 수록하였어요. 어떤 문제들은 참/거짓 판별, 객관식 문제, 빈칸 채우기 등 학교 시험과 비슷하기도 하지요. 그러나 이 연습문제들은 시험이 아니에요. 친구들과 토론하기 위해 만든 질문이니까 부담을 느낄 필요는 없답니다. 그러니 '불가능한 것들이 가능할 수 있는가?' 같은 어려운 연습문제도 모두 즐겁고 가벼운 마음으로 대하기 바라요. (물론 이 질문은 철학적으로 매우 중요해요.) 또한 연습문제를 나중에 다시 풀어야 할 수도 있으니 책에 답을 써넣을 때는 연필을 이용하세요.

어떤 질문들은 (때로는 그 답도) 조금 터무니없게 느껴지기도 해요. 그래서 재미있기도 하고요. 철학의 진정한 재미는 여러분이 철학자가 쓴 책을 읽고 그들의 사상을 스스로 생각해, 다른 사람과 의견을 나눌 때 느낄 수 있답니다.

이러한 질문과 연습문제에 몰두하다 보면 전에 알던 대상을 전혀 새로운 방식으로 바라보게 될 거예요. 또한 전에는 한번도 눈여겨 보지 않았던 것들 신기하고 낯설어보일지도 몰라요. 이런 반응은 아주 당연해요. 여러분이 철학자 노릇을 잘하고 있다는 증거니까요. 생각하는 것은 재미있지만 사실 매우 어렵기도 하죠. 어떤 주제에 궁금증을 갖기 시작했다면, 그 기본개념을 제대로 이해할 수 있을 때까지 계속 생각해보세요. 진정한 철학자는 현명해지기 위해 부단히 노력하는 사람이랍니다. 이런 문제들에 더 많이 생각하고 토론할수록 여러분은 더욱 철학적인 사람이 되겠지요.

모든 질문의 곳곳에는 유명한 인물(별로 유명하지 않은 인물도 있지만요)의 짧은 경구들이 제시되어 있어요. 이러한 경구들은 질문의 요점을 쉽게 파악하도록 도와줘요. 경구는 대개 시인이나 코미디언이 하는 말처럼 문제의 핵심을 간결하고 재치있게 표현한답니다. 이따금 주어진 문제에 다른 방식으로 접근하는 경구도 등장하지요. 이 책 속의 어떤 질문을 탐구하든 옆의 인용구를 꼭 기억하세요.

"우스운 말을 들었다면,
그 이면에 숨겨진 진실을 찾아라."

- 조지 버나드 쇼 George Bernard Shaw, 극작가

목차

서문 철학자처럼 똑똑하게 생각하는 법

프롤로그 의문을 갖는 데서 철학은 시작된다

제1부 가치

질문 1 나는 정의로운 사람일까?   20

질문 2 친구와 친구가 아닌 사람을 어떻게 알 수 있을까?   25

질문 3 노력은 보상받아야 할까?   30

질문 4 우리를 괴롭히는 사소한 문제를 내버려 두어야 할까?   35

질문 5 남을 꼭 도와줘야 할까?   39

질문 6 노는 것이 공부하는 것보다 행복할까?   44

질문 7 거짓말은 해도 될까?   48

질문 8 폭력도 정당화될 수 있을까?   52

질문 9 왜 우리는 다른 사람과 있을 때 가끔 어색할까?   56

질문 10 우리가 기술을 지배할까, 기술이 우리를 지배할까?   60

제2부 **인식**

질문 11 사물이 움직인다는 사실을 어떻게 알까?　　　　　66

질문 12 우리의 말은 어떻게 진실이 될까?　　　　　72

질문 13 자신의 존재를 의심할 수 있을까?　　　　　77

질문 14 숲에 아무도 없을 때 나무가 쓰러지면 그 나무는 소리를 낼까?　　　　　82

질문 15 중력의 법칙은 정말로 법칙일까?　　　　　86

질문 16 우리가 무언가를 알고 있다는 사실을 어떻게 알까?　　　　　90

질문 17 다른 사람의 감정을 이해할 수 있을까?　　　　　93

질문 18 자신에게 거짓말을 할 수 있을까?　　　　　97

질문 19 우리는 사물을 있는 그대로 알까, 보이는 대로 알까?　　　　　102

질문 20 컴퓨터는 생각할 수 있을까?　　　　　106

제3부 **실재**

질문 21 아무것도 생각하지 않을 수 있을까?　　112

질문 22 우연이라는 게 있을까?　　117

질문 23 숫자를 사용하지 않으면 숫자는 어떻게 될까?　　121

질문 24 숫자와 인간은 같은 방식으로 실재할까?　　125

질문 25 우리가 시계를 볼 때는 시간을 보는 것일까?　　128

질문 26 우주가 빅뱅으로 생겼다면, 빅뱅은 무엇으로부터 생겼을까?　　135

질문 27 지금의 나와 5년 전의 나는 같은 사람일까?　　142

질문 28 우리에겐 자유의지가 있을까?　　146

질문 29 모든 사물은 서로 의존할까?　　151

질문 30 불가능한 것이 가능할 수 있을까?　　154

제4부 비판적 사고

질문 31 왜 말과 글은 중요할까? 162

질문 32 다른 사람의 이야기를 언제나 경청해야 할까? 165

질문 33 사람을 비판해야 할까, 의견을 비판해야 할까? 169

질문 34 '왜냐면'이라는 말은 왜 중요할까? 174

질문 35 사건의 원인을 밝히기는 쉬울까? 178

질문 36 많은 사람이 진실이라고 믿는다면, 그것은 진실일까? 183

질문 37 악을 악으로 갚는 것은 정당할까? 186

질문 38 "나는 거짓말을 하고 있다." 이 말은 진실일까 거짓일까? 191

질문 39 논리적이면서 말이 안 될 수 있을까? 197

질문 40 왜 용어를 정의하는 것이 중요할까? 204

부록 철학자가 아니면서 철학을 가르치는 법 212
       _선생님과 부모님을 위한 수업 가이드
       추천 철학 도서 294
       용어 해설 301
       이 책을 교과 과정에 활용하는 법 308

"우리 머리에 뚜껑이 달려 있다면
모든 죄악이 사라질 텐데.
나쁜 생각들은 밖으로 꺼내 버리고
좋은 것들만 남겨두면 될 테니."

쉘 실버스타인 Shel Silverstein, 시인, 작곡가

가치

　여러분은 무엇을 중요하게 생각하나요? 재미있게 노는 것이나 친구를 사귀는 것? 학교에서 좋은 성적을 받는 것? 몰랐던 사실을 새롭게 배우는 것? 아니면 성공하거나 부자가 되는 것, 또는 유명해지는 것? 그것도 아니라면 다른 사람을 돕거나 옳은 일을 하는 것?

　가치란 우리가 가장 중요하게 생각하고 관심이 있는 대상을 말합니다. 철학이라는 학문이 생겨난 이래 가치라는 주제는 줄곧 철학자들 사이에서 큰 관심거리가 되어 왔어요. 철학자들은 가치가 무엇이며 우리의 삶에서 왜 중요한가를 설명하려고 많은 시간과 노력을 기울였지요. 가치에 대해 연구하는 철학 분야를 우리는 윤리학이라 부릅니다.

　제1부에서는 자신의 가치에 대해 살펴볼 거예요. 이를테면 '우정' 같은 가치의 정확한 의미가 무엇인지 말이예요. 우리가 어떤 가치에 대해 잘 알고 있다고 생각해도 실제로는 그 의미를 정확하게 모르는 경우가 많지요. 가치 중에는 대부분 사람이 공통으로 중요하다고 인정하는 가치도 있지만, 어떤 가치에 대해서는 사람마다 의견이 다르기도 하지요. 여러분의 가치는 무엇이며 그것을 중요하게 생각하는 이유는 무엇인가요?

나는 정의로운 사람일까?

플라톤 Plato

"그걸 내게 돌려줘."

"왜?"

"네가 빌려 갔잖아. 원래는 내 것이고."

위와 같은 상황을 겪은 적이 있나요? 친구에게 계산기를 빌렸다고 가정해보세요. 지금 친구가 그것을 돌려달고 하네요. 그럴 때는 어떻게 행동하는 게 옳을까요? 다음 보기의 각 상황을 머릿속에 그려보고, 여러분이 생각하는 답을 표시해보세요.

1. 계산기를 계속 써야 한다고 친구를 설득한다.

2. 되도록 오랫동안 갖고 있겠다. 계산기는 항상 필요하니까.

3. 당장 돌려준다. 내 물건이 아니라 친구 것이니까.

4. 다른 친구를 사귀면 되니 계산기는 그냥 내가 가진다.

질문이 '나라면 이 상황에서 어떻게 하고 싶을까?'가 아니라 '어떻게 행동하는 것이 옳은 일일까?'였다는 사실을 기억하세요. 1이나 2를 선택했다면, 친구의 이익이나 소유권은 존중하지 않고 자기만 우선시한다는 뜻이지요. 4를 골랐다면 우정보다 물건을 중요하게 생각하거나, 적어도 지금 이 친구와 좋은 사이를 유지하는 것보단 계산기라는 물건에 더 가치를 둔다는 의미입니다.

아마 여러분은 대부분 3을 고르겠지요. 그 이유는 3에 이미 드러나 있어요. 바로 계산기가 내 것이 아니기 때문이지요. 내가 계산기를 갖고 있어야 할 특별한 이유가 있다 해도 빌린 물건은 원래의 주인에게 돌려주는 것이 옳으니까요.

이 사례에서 정의에 대해 무엇을 알 수 있나요? 다시 말해, 정의란 과연 무엇일까요? 이 질문은 철학의 역사만큼이나 오래되었답니다. 유명한 그리스 철학자 플라톤의 시대(기원전 437년~347년)부터 철학자들은 이 문제에 대해 고민해왔어요. 플라톤의 저서 『국가론Republic』 제1권에서 가져온 위의 사례에서 우리는 정의의 의미를 미루어 생각할 수 있어요. 정의는 바로 다른 사람을 공정하게 대우하는 것이지요. 즉 정의란 공정한 행동이에요. 빌린 물건은 무엇이든 돌려주는 것이 공정한 일이라면, 이 사례에서도 그렇게 해야 옳은 행동이지요.

그런데 과연 이것이 정의에 대한 올바른 정의일까요? 위 사례에서 몇 가지 조건을 바꾸어볼게요. 여러분의 아버지가 친구에게서 무기를 빌렸다고 가정해보세요. 그런데 시간이 흘러 무기를 돌려주어야 할 때가 되자 그 친구는 정신이상자가 되었어요. 자, 정의의 원래 의미에 따르면 아버지가 빌린 무기는 당연히 돌려주어야죠. 빌린 것은 언제나 주인에게 돌려주는 것이 정의니까요. 하지만 이 경우에는 어떻게 행동하는 것이 가장 올바를까요? 다음 네 가지 보기에서 답을 골라보세요.

1. **무기를 가진다. 친구가 정신적으로 불안정해서 무기를 돌려주면 무슨 짓을 할지 모르기 때문이다.**
2. **무기를 돌려준다. 어쨌든 원래 친구 것이니까.**
3. **철학자에게 찾아가 정의의 진정한 의미가 무엇인지 물어본다. 그 의미를 제대로 알아야만 어떻게 행동할지 올바로 판단할 수 있으니까.**
4. **친구를 의사에게 데려가 치료를 받게 한다.**

이제 각각 보기에 대해 생각해 볼까요?

4를 골랐다면 여러분은 친구를 소중하게 생각한다는 뜻이에요. 분명 훌륭한 태도이긴 해도 '이러한 상황에서 어떤 행동이 옳은가?'라는 질문에 대한 답변이 되지는 못하겠지요. (여러분은 친구의 의미에 대해서는 분명히 알고 있나요? 이 문제는 질문 #2에서 다룰 예정이에요.)

2를 선택했다면 정의의 본래 의미를 잘 이해했고 그렇게 실천하겠다는 뜻이에요. 하지만 제정신이 아닌 사람에게 무기를 돌려주는 것이 정말로 옳은 행동일까요?

1은 정신이상자의 손에 무기가 들어갔을 때 생길 위험한 결과를 방지할 수 있어요. 그러나 다른 사람 소유의 물건을 자신이 갖는다면 정의의 의미에 어긋나지요. 좋은 일을 하기 위해서라면 정의롭지 못한 행동도 용납될까요? 어쨌든 이 또한 옳은 답 같지는 않네요.

만약 3을 답으로 골랐다면? 플라톤의 스승이자 그의 저서 대부분에 주인공으로 등장하는 소크라테스에게 물어보는 건 어떨까요. 『국가론』에서 정의에 대해 해석하는 부분은 분량이 무려 300페이지나 됩니다! 정의의 개념이 무엇이든 이해하거나 설명하기는 절대 쉽지 않다는 뜻이겠지요. 어쨌든 이 책에서 플라톤은 정의에 대한 탐구를 어디서부터 시작해야 할지 알려 준답니다.

"정의는 사회의 으뜸가는 의무다."

알렉산더 해밀턴 Alexander Hamilton, 정치가

1. 친구는 물론 적에게도 공정하게 대해야 할까요?

2. 자기 자신에게 공정하지 않을 수 있을까요?

3. 2번 질문에 대해 '네'라고 답했다면, 자신에게 공정할 수는 있을까요?

   플라톤은 진정한 정의는 자기에서부터 시작된다고 했어요. 가능한 자신을 잘 이해해 스스로에게 공정하게 말하고 행동하며 선택하는 게 중요하다고 했지요. 우리가 누구인지, 무엇을 원하는지, 어떤 삶을 살고 싶은지 깊이 생각해 스스로에 대해 잘 알게 된다면, 결국 정의의 본질도 깨닫게 된답니다.

   이 책 속의 다른 질문을 대할 때도 이러한 결론에 유의하세요. 자신에게 철학적인 질문을 던지고 답을 찾으려 노력하면 자신이 어떤 사람인지 더욱 잘 이해할 수 있어요. 플라톤의 생각이 옳다면, 이 경우 정의에 대해서도 더 많은 것을 배우게 될 거예요. 그러면 우리는 더욱 철학적인 사람이 될 테지요.

친구와 친구가 아닌 사람을 어떻게 알 수 있을까?

아리스토텔레스 Aristotle

"그 애는 내 친구야."

"아무개는 나의 절친이야!"

"이제부터 넌 내 친구가 아니야!"

이 말들은 퍽 익숙하게 들릴 거예요.

우리는 모두 친구가 있어요. 물론 그렇지 않은 사람도 있지만요. 친구가 한 명도 없는 사람은 외로울 뿐 아니라 행복하지도 못하지요. 인간에게는 친구가 매우 중요하며 행복한 삶을 위해서도 반드시 필요하거든요. 그런데 친구가 어떤 존재인지 확실히 말할 수 있나요? 이 질문에 철학자처럼 답하려면 우정의 의미를 분명히 알아야 합니다.

그리스 철학자 아리스토텔레스(기원전 382-322)는 이 문제를 매우 중요하게 여겼어요. 『니코마코스 윤리학Nicomachean Ethics』(아리스토텔레스의 아들 니코마코스의 이름을 딴 제목이에요.)에서 아리스토텔레스는 많은 시간과 노력을 들여 우정에 대해 탐구했어요. 여러분도 아리스토텔레스가 정의한 우정의 의미와 종류에 대해 생각해보세요.

아래에는 두 사람 사이의 관계에 대한 세 가지 질문이 나와요. 각 사례를 우정이라고 말할 수 있을까요? 각 문장 뒤에 우정이라고 생각하면 '동의'를, 아니라고 생각하면 '반대'를 적으세요.

1. 존과 짐이 언제나 서로 숙제를 도와주는 사이라면 이들은 친구인가?
2. 메리와 리즈가 함께 재미있는 놀이를 즐긴다면 두 사람은 친구인가?
3. 피어와 매기는 자주 중요한 주제를 함께 토론한다. 만약 그들이 서로 도와 옳은 일을 한다면 둘은 친구인가?

세 개의 질문에 모두 '동의'라고 했다면 적어도 우정이라는 주제에는 아리스토텔레스 학파에 속한다는 뜻이에요. 아리스토텔레스는 위의 세 가지가 모두 우정의 예라고 생각했어요. 우정이 유지되려면 두 사람 사이에 이 세 요소가 모두 나타나야 한다고 말했지요. 이제 우정에 대한 아리스토텔레스의 정의를 살펴볼게요. 두 사람이 서로 친구라면,

1. 두 사람 모두 상대방에게 호의를 가져야 한다.
2. 호의의 동기는 효용성, 즐거움, 도덕적 선 중 하나여야 한다. 이 세 가지 중 하나로 행동한다면 충분히 우정이라 부를 수 있다.
3. 상대방이 자신에게 호의를 가지고 있음을 둘 다 알아야 한다. 만약 메

리가 아이린에게 호의를 갖고 있는데 아이린이 그것을 모른다면 메리와 아이린은 서로 친구가 아니다.

아리스토텔레스는 우정에는 세 가지 유형이 있다고 생각했어요. 사람을 서로 이어주는 이유인 효용성, 기쁨, 도덕적 선 중 하나를 근거로 한 유형이죠. 주어진 예에서 첫 번째는 효용성에 기초한 우정이고, 두 번째는 즐거움, 세 번째는 도덕적 선을 이유로 성립하는 우정이지요.

> "친구란 내 생각을 솔직히 밝힐 수 있는 사람이다."
>
> 랄프 왈도 에머슨 Ralph Waldo Emerson, 수필가, 시인

1. 세 가지 질문에 모두 '동의'라고 답하지 않았다면, 그 사례가 우정을 설명하지 못한다고 생각하는 이유를 말해보세요. 생각 더하기 2는 여러분이 아리스토텔레스의 생각에 동의하지 않는 이유를 밝히는 데 도움이 될 거예요.

2. 아리스토텔레스의 우정에 대한 반대의 예를 반대의 생각해보세요

철학자들이 정의定義의 옳고 그름을 판단하는 방법 중 한 가지는 그 정의에 대한 반대의 사례를 생각해내는 것이에요. 반례Countrerxample는 정의에 언급된 모든 요소를 만족하지만, 정의된 개념에 맞지 않는 사례를 말하지요. 이러한 사례를 '반례'라 부르는 이유는, 비록 이 사례가 정의의 예이지만 정의의 논점에 반대되기 때문이에요. 정의에 대한 반례를 생각해낼 수 있다면 그 정의는 불완전하거나 옳지 않다는 뜻이랍니다.

(질문 #1의 해설에는 정의正義에 대한 정의定義가 부적절하다는 소크라테스의 반례가 포함되어 있어요.)

아리스토텔레스의 우정에 대한 정의의 반례를 찾기 위한 힌트를 몇 가지 소개할게요.
① 누군가에게 '호의'를 가진다는 것은 무슨 뜻일까요? 예컨대 아는

사람에게 '안녕'하고 말한다면 그 사람에게 호의를 가지는 것인가요?

② 5분 만에 친구를 사귀는 것도 가능할까요? 우정을 쌓는 데 시간이라는 요소는 얼마나 중요한가요?

③ 여러분의 우정에서 효용성이 차지하는 비율은 몇 퍼센트인가요? 기쁨이나 도덕적 선의 비율은 얼마나 될까요?

④ 우정이 효용성이나 즐거움에 근거를 둔다면, 이런 종류의 우정은 얼마나 지속할까요?

⑤ 친구와 그냥 아는 사람의 차이는 무엇인가요?

노력은 보상받아야할까?

공자 孔子

선생님과 부모님들은 늘 "최선을 다하거라!", "열심히 공부해야 한다!"라고 말씀하시지요. 그러면 학생들은 결과가 신통치 않다고 해도 열심히 노력한 데 대한 보상을 받아야 할까요?

여러분이 중학교 수학 선생님이라고 가정해보세요. 여러분의 반 학생들은 아래 점수에 따라 평가됩니다.

수 = 90~100점

우 = 80~89점

미 = 70~79점

양 = 60~69점

학생들의 시험점수가 나왔고, 숙제, 팀 과제 등도 모두 제출하였어요.

다음은 학생 네 명에 대한 평가 결과입니다. (학생들을 숫자 1~4로 구분할게요.)

1번 학생은 매우 열심히 노력하지만 점수는 65점입니다.

2번 학생은 보통 수준으로 노력하며 점수는 76점입니다.

3번 학생은 별로 노력하지 않는 편이지만 점수는 86점입니다.

4번 학생은 노력이라고는 눈곱만큼도 하지 않지만, 점수는 89점입니다.

선생님인 여러분은 이 학생 모두를 평가해야 해요. 여러분이라면 성적을 어떻게 매길까요? 오직 시험과 과제물 결과로만 평가하나요, 아니면 학기 내내 학생들이 보여준 노력까지 고려해서 평가하나요? 여러분의 생각대로 각 학생에 대한 성적을 매겨 보세요.

학생 1   학생 2   학생 3   학생 4

평가를 하는 방법은 매우 다양하지만, 노력에 대해서도 보상해 열심히 한 학생에게 실제 점수보다 높은 등급을 준다면, 여러분은 중국 철학자 공자(기원전 551~479)와 생각이 다르다는 뜻이에요. 하지만 여러분이 학생의 노력은 완전히 무시하고 결과에 따라 엄격하게 등급을 부여한다 해도 공자의 생각에는 큰 흥미를 느낄 거예요.

공자의 생각은 경구로 표현돼요. 경구란 진실을 전달하는 짧은 문장을 말하지요. 한 경구에서 공자는 태어나면서부터 스스로 아는 사람이 으뜸이라고 말했어요. 간단히 말해, 중요한 것은 노력이 아닌 결과라는 뜻이죠.[1]

공자의 말이 가혹해 보일지 모르지만, 그분은 아주 오래전 우리가 사는 현재의 세상과는 완전히 다른 문화에서 살았다는 점을 기억하세요. 이런 문화적 차이가 공자의 사상에 영향을 주었을 테니까요. 또한 공자는 매우 실용적인 인물이었어요. 물론 공자는 배움에서 노력을 강조합니다. 배워서 알게 되고 계속 배우고자 하는 사람을 다음으로 쳤으니까요. 하지만 이 경구에서 공자는 타고난 지능의 가치와 사람의 지능에서 얻을 수 있는 실질적 효능을 강조합니다. 물론 노력도 매우 중요하며 누구든지 제 일에 최선을 다해야겠지요. 다만 노력 또한 결과와 마찬가지로 보상을 받아야 하는지에 대해서는 사람마다 의견이 다른 것 같네요.

---

1   生而知之者 上也 學而知之者 次也 困而學之 又其次也 困而不學 民斯爲下矣 『논어(論語)』 「계씨(季氏)」편 "태어나면서부터 스스로 아는 사람이 으뜸이다. 배워서 알게 된 사람이 그 다음이다. 깨닫지 못한 것을 괴로워하며 힘써 배우는 사람은 또한 그 다음이다. 깨닫지 못했는데 힘써 배우지 않는 사람은 가장 하류이다."

생각 더하기

1. 철학자의 생각을 평가하는 방법의 하나는 그 철학자의 가정이 무엇인지 밝히는 거예요. 모든 철학자의 생각에는 가정이 있으니까요. 어떤 문제에 대한 철학자의 생각을 평가하기 이전에 철학자의 가정을 밝혀야 할 때가 많지요. 그렇다면 공자는 지능에 대해, 노력과 지능의 관계에 대해 어떤 가정을 하고 있을까요?

   공자의 가정을 밝히는 데 도움이 될 몇 가지 질문을 소개할게요.
   ① 지능은 사람마다 다른가?
   ② 한 사람의 지능도 과목마다 달라질 수 있는가?
   ③ 지능은 발달하는가, 아니면 계속 같은 상태로 유지되는가?

2. 먼저 질문 ①, ②, ③에 대해 생각해봅니다. 그다음 '노력은 왜 보상을 받아야 하는가?'라는 질문에 답해보세요. 위 질문에 대한 답이 이 질문의 힌트가 될 거예요.

   노력이 정말 보상을 받아야 한다면, 앞에서 살펴본 경구는 옳지 않으므로 수정되어야겠죠. 그러나 공자의 철학은 복잡하고 심오해요. 이 경우는 공자의 다른 말들과 함께 전체적인 맥락에서 이해되어야 해요. 이 질문에서 공자와 의견이 다르다 해도, 그가 자신의 논지를 뒷받침하기 위해 말하는 다른 근거들도 살펴보아 그의 전반적인 주장을 이해하려는 노력이 필요하겠지요.

3. 철학자의 가정을 밝히는 문제는 질문 #5에서도 중요하게 다룹답니다.

"성공은 결코 성공하지 못한 사람에게
가장 달콤하게 느껴진다."

에밀리 디킨슨 Emily Dickinson, 시인

우리를 괴롭히는 사소한 문제를 내버려 두어야 할까?

마르쿠스 아우렐리우스 Marcus Aurelius

그럴 필요가 있을까요? 사소하다 해도 우리를 괴롭힌다면 괴로운 것이니까요! 무엇이든 사람을 괴롭혀서는 안 되잖아요? 하지만 이 질문은 철학적으로 생각해보면 보기만큼 간단하지 않답니다.

마르쿠스 아우렐리우스(서기 121~180)는 서기 160년부터 180년까지 로마의 황제를 지냈어요. 그는 로마 제국의 가난한 사람을 적극적으로 보살폈기 때문에, 역사학자는 그를 로마에서 가장 정의로운 황제 중 한 명으로 평가한답니다. 침략자에 맞서 싸우려고 병사들을 이끌고 전쟁터에 나갈 때면 마르쿠스 아우렐리우스는 밤마다 막사 안에서 그날 있었던 일에 대해 반성했어요. 그러한 생각들은 결국 『명상록 ^Meditations』이라는 제목으로 출판되었지요. 이 책은 오늘날까지 '스토아학파'라는 윤리철학 분야에서 가장 중요한 저서 중 하나로 남아있답니다.

여러분은 금욕주의자(스토아학파)인가요? 아래 질문에 답을 해보면 알 수 있어요. 아래 문장에 최대한 정직하게 '네' 또는 '아니오'를 답하세요. 우리가 어떻게 반응하느냐에 따라 사소한 것들도 큰 의미를 가진답니다.

1. 약간의 두통이 있어도 공부할 수 있는가?
2. 교실 안이 너무 춥거나 더워도 수업에 집중할 수 있는가?
3. 오후 늦게 배가 출출해도 여전히 공부나 다른 활동에 집중할 수 있는가?
4. 학교 가는 길에 비가 내려도 상관없는가?
5. 시험을 철저히 준비했다고 믿었는데 공부하지 않은 부분에서 출제되었다면 당황하지 않고 담담하게 받아들일 수 있는가?
6. 학교에서 어떤 친구가 자주 놀려도 그 친구에게 앙갚음하지 않을 자신이 있는가?
7. 좋아하는 스포츠팀이 간발의 차이로 패배해도, 실망감을 빨리 극복할 수 있는가?

일곱 가지 질문에 모두 '네'라고 대답했다면 여러분은 이미 금욕주의자랍니다! 마르쿠스 아우렐리우스라면 이렇게 말할 거예요. 우리가 사는 동안 일어나는 일에는 겉보기에 중요해 보여도 실제로는 별로 중요치 않은 일이 많이 있다고요. 반면 '아니오.'라는 답변이 많을수록 여러분은 금욕적인 사람이 아니라는 뜻이에요. 결국 금욕적인 삶을 살 것인지는 자신의 마음가짐에 달렸답니다.

마르쿠스 아우렐리우스라면 이런 말을 덧붙이겠지요. '훌륭한 금욕주의자가 되기 위해서는 사소한 것을 무시하는 것만으로는 부족하다. 자신의 의무가 무엇인지 깨닫고 실천하기 위해 최선을 다해야 한다.' 다시 말해 금욕주의자는 사소한 것들을 무시할 뿐 아니라 '중요한 것'(즉 의무)을 찾고 그것을 실천하려 노력하는 사람이지요.

> "꿈속에서 본 삶은 아름답기만 했는데
> 눈을 떠 보니 의무만이 나를 기다리네."

엘렌 스터지스 후퍼 Ellen Sturgis Hooper, 시인

1. 명상록에서 마르쿠스 아우렐리우스는 자신의 태도를 다음과 같이 짧게 요약했어요. "나는 의무를 다할 뿐이다. 의무 외의 어떤 것도 나를 괴롭히지 못한다." 여러분에게도 많은 의무가 있어요. 부모님에 대한 의무, 선생님에 대한 의무, 친구들에 대한 의무, 또한 여러분 자신에 대한 의무도 있지요. 아래 공간에 이러한 의무 몇 가지를 적어보세요.

부모님에 대한 의무:

선생님에 대한 의무:

친구에 대한 의무:

나에 대한 의무:

2. 의무를 다하는 것과 행복해지는 것 중에는 무엇이 더 중요할까요? (행복의 개념에 대해서는 질문# 6을 참조하세요.)

남을 꼭 도와줘야 할까?

모세 마이모니데스 Moses Maimonides

마르쿠스 아우렐리우스(질문 #4)는 의무를 실천하는 게 가장 중요하다고 생각했어요. 그렇다면 우리에게는 남을 도와야 할 의무가 있을까요? 아니면 남을 돕는 행위는 전적으로 개인의 선택에 달린 문제일까요? 개인의 판단에 맡겨야 한다면 남을 돕든, 돕지 않든 모두 옳은 결정이 겠지요.

모세 마이모이데스(1135~1204)는 중세의 가장 중요한 철학자이며, 유대인 철학자 중 역사상 가장 영향력 있는 인물로 알려졌어요. 마이모이데스는 남을 돕는 행동을 인간의 의무라고 생각했지요. 물론 우리는 남을 돕지 않겠다고 선택할 수 있지만, 마이모이데스의 관점에서 보면 이런 결정은 의무를 회피하는 행동이랍니다.

여러분은 남을 돕는 행동에 대해 어떻게 생각하나요? 아래의 질문에 '네' 또는 '아니오'로 답해보세요. 최대한 정직하게요.

1. 만약 내가 부자라면, 가진 돈 일부를 기부할 것인가?
2. 부자는 아니라도 안락하게 살고 있다면 자선 단체에 돈을 기부하겠는가?
3. 집 없는 사람이 적선을 요구하고 마침 내게 돈이 조금 있다면, 그 돈을 주겠는가?
4. 집 없는 사람에게 돈을 준다면, 죄책감을 느끼지 않기 위해 주는 것인가, 아니면 그것이 옳은 행동이라서 주는 것인가?
5. 세계 각지(우리나라 포함)에 굶주리는 사람이 있다는 소식을 들으면, 그들을 위해 뭔가 해야 한다고 생각하는가?
6. 만약 내가 하느님을 믿고, 하느님이 (성경을 통해) 가난한 사람을 도와야 한다고 말씀하신다면, 그것이 자선을 베풀 근거가 되는가?
7. 만약 내가 어른이고 돈을 번다면, 모든 사람에게 교육과 집, 직업을 제공해 가난에서 구제하도록 수입의 일부를 기부하겠는가?

만약 1~5번 질문에 '네'라고 답했다면, 마이모이데스의 관점으로 볼 때 자선 문제에 관한 도덕성이 높다는 거에요. 역시 마이모이데스에 따르면 질문 1~5중에 '아니오.'라는 대답이 많을수록 도덕성이 낮은 셈이지요. 만약 질문 1~5 모두에 대해 '아니오.'라고 답했다면, 마이모이데스는 충고할 거예요. 너무 자기중심적인 사람이 아닌지, 이러한 태도가 자신의 품성에 어떤 영향을 주는지 생각해보라고요.

이제 6번 질문에 대한 여러분의 답변을 검토해 볼게요. '네'라고 대답했다면 자선을 의무로 보아야 할 이유가 마이모이데스와 같다는 뜻에요. 마이모이데스는 성경이 우리에게 남을 도우라고 가르치고, 성경은 원래 하느님의 말씀이니까, 하느님이 자선을 의무라고 말씀하신 것이라고 보았어요. 하느님이 우리에게 하라고 하신 일은 꼭 해야 하는 의무이기 때문이지요.

----

1. 마이모이데스의 의견은 두 가지 가정에서만 철학적으로 힘을 발휘해요. 하지만 이 두 가지 가정 모두(또는 그중 하나)를 부인하는 사람도 있지요. 위의 6번 문제를 다시 살펴보고 질문이 뜻하는 바를 생각해보세요. 그런 다음 6번 문제에 제시된 두 가지 가정을 찾아보세요.

가정 1:

가정 2:

2. 이제 7번 문제에 대해 생각해 보고, 자신에게 물어보세요.

"자선을 베풀어야 할 필요가 전혀 없어진 사회에서는 어떤 사람이 잘살게 될까?"

여러분이 7번 문제에 대해 '네'라고 대답했다면 이 질문에도 답할 수 있을 거예요. (7번 문제는 우리에게 무엇을 하라고 권하나요?) 하지만 7번 문제에 대해 '아니오.'라고 답했다 해도 자선이 필요 없어진 사회에서는 어떤 사람이 잘살게 되는지 조금만 생각하면 알 수 있답니다.

이 문제에 대한 한 가지 답은, 자선은 빈곤한 사람이 있는 경우에만 필요하다는 거예요. 가난이 없다면 자선을 베풀 필요도 없으니까요. 그런 사회에서는 누가 잘살게 될까요?

정답은 모든 사람! 먼저 가난한 사람은 이제는 가난하지 않아요. 둘째, 충분한 수입이 있는 사람도 가난한 사람을 돕기 위해 세금을 많이 내거나 자선 단체에 기부할 필요가 없게 돼요. 가난이 근절되면 사회의 모든 사람이 잘살게 되는데, 이런 때에도 모든 사람이 수입 일부를 기부해야 할까요? 자선을 의무라고 보아야 할까요?

이는 사회 구성원이 스스로 결정해야 할 가치에 대한 문제랍니다. 여러분의 생각은 어떤가요?

"세상 사람의 신앙과 희망은 일치하지 않는다.
그러나 자선은 모든 인류의 관심사다."

알렉산더 포프 Alexander Pope, 시인

노는 것이 공부하는 것보다 행복할까?

존 스튜어트 밀 John Stuart Mill

> **"나의 정신과 함께 보내는 시간은 행복하다."**

루이자 메이 알코트 Louisa May Alcott, 소설가

아마도 여러분은 이 질문에 조금도 망설이지 않고 큰 목소리로 '네!' 하고 대답하겠죠. 정말로 좋아하는 놀이를 떠올리면서요. 사실 공부를 진심으로 좋아하는 사람이 과연 몇 명이나 될까요? 하지만 철학자라면 이런 질문을 받고 잠깐은 대답을 망설일 거예요. 철학자의 관점으로 볼 때 이 질문은 '행복'의 의미에 따라 답이 달라지기 때문이지요. 연습문제를 통해 행복에 대해 다르게 생각해보세요.

아래에는 여덟 가지 행동을 소개하고 있어요. 이 행동 모두가 '행복한' 삶 일부라고 가정하고, 각 행동이 행복에 얼마나 큰 영향을 주는지 1부터 8까지의 순위를 매겨보세요. 가장 덜 중요한 활동에는 8을, 가장

중요한 활동에는 1을 표시하고, 나머지 여섯 가지 활동에는 그 사이의 숫자를 표시하세요.

다들 '치과에서 치료받기'를 행복한 삶의 요건 중 가장 순위가 낮은 8위로 매기겠지요. 그 이유는 뻔해요. 치과에서 치료를 받는 일은 보통 즐거운 경험이 아니니까요. 하지만 치과에 꼭 가야 하는 이유를 생각해보면, 행복의 의미를 조금은 깨달을 수 있겠지요. 다른 활동에도 순위를 매기다 보면 행복의 개념을 정의하기가 어려운 까닭을 알게 될 거예요.

이 연습문제는 친구들과 함께하면 더 재미있어요. 친구의 수대로 페이지를 복사하고, 같이 순위를 매겨보세요. 모두 끝났으면 여러분이 매긴 순위와 비교해보세요.

1. 치과에서 치료받기

2. 가장 좋아하는 음식 먹기

3. 게임 하기

4. 책 읽기

5. 친구와 함께 깊이 생각하기

6. 친구와 재미있게 놀기

7. 친구 숙제 도와주기

8. 흥미로운 주제를 토론하기

여러분은 4, 5, 7, 8에 얼마나 높은 점수를 주었나요? 이러한 활동이 행복의 요소로 포함된다는 데 이의는 없나요?

존 스튜어트 밀(1806~1873)에 따르면 행복은 가능한 많은 사람에게 최대의 기쁨을 주는 것(최대 다수의 최대 행복)으로 정의할 수 있어요. 밀은 이 원칙을 '공리주의^{Utilitarianism}'라 불렀지요. 행복을 최대의 기쁨으로 이해하면 고통은 최소가 되어야 한다는 뜻이에요. 또한 밀은 모든 기쁨의 가치가 같지 않고, 더욱 바람직한 기쁨(즉 학습이나 대화의 기쁨 등)과 그렇지 못한 기쁨이 있다고 주장했지요.

그렇다면 행복해지기 위해서는 (그리고 훌륭한 공리주의자가 되기 위해서는) 즐거우면서도 뭔가 배울 수 있는 활동을 해야겠죠. 배움은 사람이 가진 잠재력을 최대한 실현하도록 도와주거든요. 공부가 항상 '재미있는' 것은 아니지만, 밀의 생각으로는 행복과 재미는 별개랍니다. 또한 우리는 자신만의 이익뿐 아니라 다른 사람의 이익도 최대한 고려해야 해요. 모든 사람은 행복해지고 싶으니까요. 결국 서로 도움을 주면 행복의 총량도 증가하게 되지요.

- -

1. 행복은 감정일까요, 상태일까요? 다시 말해 우리는 행복하다는 느낌 없이도 행복할 수 있을까요? 만약 행복이 감정이라면 수시로 달라지겠지요. 하지만 행복이 상태라면, 훨씬 더 오래가요. 밀의 경우에는 행복을 감정이라고 보았을까요, 아니면 상태라고 보았을까요? (아니면 감정과 상태의 결합이라 생각했을까요?)

2. 행복해지기 위해서는 자신의 삶에 만족하는 동시에 남들에게 좋은 일을 해야 합니다. 여러분도 이 말에 동의하나요?

3. 여러분이 여덟 가지 활동에 매긴 순위를 친구들과 비교해보세요. 결과가 서로 다르다면 친구에게서 이유를 들어보고 나의 순위에 대해서도 다시 생각해보세요.

"행복에 대한 기대가 너무 크면
행복해지기 어렵다."

베르나르 퐁트넬 Bernard Fontenelle, 작가

거짓말은 해도 될까?

임마누엘 칸트 Immanuel Kant

거짓말이란 무엇일까요? 간단히 정의하면 무언가가 사실이 아님을 알면서 사실이라고 말하는 거지요. 우리는 거짓말은 옳지 않다는 말을 자주 들어요. 하지만 거짓말은 언제나 나쁠까요? 우리는 언제나 진실만을 얘기해야 할까요? 이는 신중하게 생각할 문제랍니다. 사람들은 진실을 지키는 것을 매우 중요하게 여기니까요. 그렇다면 진실을 말하는 것은 언제나 의미가 있을까요?

여기 거짓말을 할 법한 상황을 소개합니다. 각 상황을 머릿속에 그려보고, 나라면 이 경우에 거짓말할 것인지 최대한 솔직하게 대답해보세요. 거짓말을 한다면 '네', 거짓말하지 않겠다면 '아니오.'라고 대답하세요.

1. 어머니가 내게 저녁 식사 전에 과자를 먹었느냐고 묻는다면(나는 실제로

과자를 먹었어요), 거짓말로 아니라고 대답하겠나요?

2. 가장 친한 친구가 전혀 예쁘지 않은 옷을 입고 있어요. 실제로는 그 옷이 최악이라고 생각하지만, 친구에게 예쁘다고 말하겠나요?

3. 만약 정말 싫어하는 사람에 대해 거짓말을 해서 그를 곤경에 빠뜨릴 수 있다면, 그렇게 하겠나요?

4. 대학 입학원서에 거짓말을 써서 좋은 대학에 합격할 수 있다면, 그렇게 하겠나요?

5. 거짓말을 해서 부자가 될 수 있다면, 그렇게 하겠나요?

6. 거짓말을 해서 사람의 목숨을 살릴 수 있다면, 그렇게 하겠나요?

위의 여섯 가지 질문 가운데 어느 하나라도 '네'라고 답했나요? 그랬다면 '거짓말이 정당화될 수 있는가'에 대해 유명한 독일 철학자 임마누엘 칸트(1724~1804)와 생각이 다르다는 뜻이랍니다.

거짓말을 할 때마다 우리는 진실을 왜곡합니다. 또한 칸트가 말한 바로는 거짓말을 하면 우리 자신도 피해를 보지요. 칸트는 올바른 이유로 올바른 일을 하는 것이 매우 중요하다고 믿었어요. 거짓말은 의도적으로 진실을 왜곡하는 행동이므로 옳지 못하다고 여겼지요.

칸트는 특별한 사정 때문에 거짓말을 한다 해도 옳지 못한 행동을 올바른 행동으로 왜곡하는 것이라고 했어요. 이는 우리의 정신과 도덕성에 혼란을 준다는 것이지요. 칸트는 '선한' 결과를 얻기 위해 '악한' 수단을 사용하는 것은 모순일 뿐 결코 합리적이지 않다고 여겼어요. 그러니 우리의 본성이 이성적이라면 거짓말은 언제나 옳지 못하답니다. 거짓말을 하면 우리의 이성적인 본성에 어긋나기 때문이지요. 칸트는 다른 이를 도와주려는 의도로 거짓말을 하더라도 인간으로서 자신의 본성에 해를 끼친다고 생각했어요.

칸트는 모든 인간은 이성을 갖고 있다고 보았어요. 그 이성은 너무 중요해서, 아무리 결과가 좋다 해도 그 결과를 얻기 위해 거짓말을 하는 것보다는 우리의 이성을 보존하는 게 훨씬 낫다고 보았지요. 그러므로 칸트의 입장에서는 목적(예컨대 사람의 목숨)이 수단(그 목적을 성취하기 위해 거짓말을 하는 것)을 정당화하지 못한답니다. 어떤 경우에도 우리는 특정한 목적 달성을 위하여 이성적 존재로서의 우리의 본성을 희생해서는 안 되기 때문이지요.

> ## "인생을 참고 견디기 위해서는
> ## 거짓말이 반드시 필요하다."
>
> 버겐 에반스 Bergen Evans, 유머작가

생각 더하기

1. 여러분은 위 연습문제에 제시된 보기들에 어떤 규칙이 있다는 점을 눈치 챘나요? 비교적 사소하거나 해가 없는 상황에서 인간의 목숨이 걸린 심 각한 상황으로 바뀌고 있어요. 또한 자신에게만 해당하는 사례가 있는 한 편 다른 사람과 관련된 것도 있지요. 위에 주어진 몇몇 보기에 거짓말하 겠다고 답했다면, 여러분은 그 거짓말을 철학적으로 어떻게 정당화하겠 나요?

2. 거짓말을 정당화하는 한 가지 방법은 목적과 수단이라는 관련 개념을 생 각하는 거예요. 거짓말이라는 수단과 그 수단으로 성취할 수 있는 목적에 대해 칸트의 생각을 반박할 수 있나요? 다시 말해 거짓말이 정당화되는 상황을 떠올릴 수 있나요?

3. 자기 자신에게도 거짓말을 할 수 있을까요? 이 흥미로운 질문에 대해서 는 질문 #18의 논점을 참고하세요.

폭력도 정당화될 수 있을까?

마틴 루서 킹 Martin Luther King, Jr

누군가에게 화가 많이 났던 적이 있나요? 머리끝까지 화가 나서 그 사람을 때리는 등 폭력을 쓰고 싶었던 적은 없었나요?

분노는 누구나 흔히 느끼는 감정이에요. 문제는 이 격렬한 감정을 잘 다스려 나중에 후회할 일이 없도록 하는 것이죠. 사람은 여러 상황에서 자신의 목적을 달성하기 위해 폭력을 사용해요. 한 나라가 전쟁을 일으켜 다른 나라를 정복하려는 행위도 일종의 '무장 폭력'이지요. 역사를 쭉 살펴보면 사람들은 언제나 이런 방식으로 목표를 달성하려 했답니다. 그러나 많은 사람이 이렇게 행동한다고 해서 이 방법이 정당화될 수 있을까요? (질문 #36 참조) 이런 행동은 윤리적으로 정당할까요?

다음의 제시된 세 가지 상황을 깊이 생각해보세요. 각 문장의 논점에 동의하는 경우 '참', 동의하지 않는 경우 '거짓'이라고 적어보세요.

1. 우리 반에서 한 아이가 나를 계속 괴롭히고 못살게 군다. 그 아이를 때려서 복수해도 된다.
2. 내가 속한 집단이 어떤 이유에서든 불공정한 대우를 받고 있다. 우리 집단은 정의를 실현하기 위해 폭력을 행사할 수 있다.
3. 우리나라가 다른 나라의 침략을 받는다. 나라를 지키기 위해 폭력을 사용하는 것이 정당하다.

마틴 루서 킹(1929~1968)은 플라톤이나 칸트처럼 철학자로 알려진 인물은 아니에요. 그러나 그는 저서와 연설에서 철학자와 같은 방식으로 정의에 대해 논했답니다. 개념을 정의해 구분하고 추론을 통해 결론에 도달했지요.

킹은 마하트마 간디(1869~1948)의 사상을 수용해 한층 발전시켰어요. 간디는 사회 정의를 실현하는 최고의 수단은 바로 비폭력이라고 가르쳤어요. 킹의 주장은 한마디로 목적이 수단을 정당화하지 못한다는 것이지요. 억압받는 사람을 위해 사회 정의를 실현하고자 폭력을 사용한다고 칩시다. 킹은 이렇게 정의를 얻는 것은 비도덕적이라 생각했어요. 그는 모든 인간이 하느님의 형상을 따라 만들어졌기 때문에 다른 인간을 때리거나 해치는 것은 하느님께 폭력을 행사하는 것과 같다고 말했죠. 그가 생각한 사회 정의를 실현하는 가장 효과적인 방법은, 억압받는 사람의 간절한 바람을 비폭력적인 수단으로 보여주는 것이라 생각했어요. 어떤 이들은 정의를 향한 열정이 너무나 강렬해서대의를 실현하기 위해 기꺼이 감옥에 가거나 목숨을 내던지기도 하죠.

킹은 압제자의 탄압, 인신공격에 대항하기 위해 폭력보다 효과적이고 도덕적으로 올바른 방법을 써야 한다고 주장했어요. 이런 킹의 생각에 여러분도 동의하나요?

"폭력은 폭력으로 다스려라!"

후안 페론 Juan Peron, 정치지도자

1. 사람이 폭력을 행사해도 될 때가 있을까요? 친구들에게 물어보세요. 그렇다고 대답하면 언제 폭력의 사용이 정당한지 그 예를 들어보게 하세요. 마틴 루서 킹의 비폭력 원칙을 근거로 이들 사례에 대해 친구들과 토론을 해보세요.

2. 비폭력은 사회의 정의를 실현하기 위한 가장 좋은 방법일까요? 마틴 루서 킹이 자신의 삶과 가르침을 통해 무엇을 성취하였는지 생각해보세요.

3. 비폭력을 열렬히 지지한 마하트마 간디와 마틴 루서 킹은 모두 암살당했어요. 전 세계의 형제애와 평화의 수호자였던 두 사람이 그렇게 사망했다는 사실은 역사상 가장 비극적인 아이러니이지요. 때로 자신의 신념을 세상에 알리는 데도 엄청난 용기가 필요하답니다.

왜 우리는 다른 사람과 있을 때 가끔 어색할까?

시몬 드 보부아르 Simone de Beauvoir

"인류는 나누거나 흩어질 수 없는 하나의 가족이다."

마하트마 간디 Mohandas Gandhi, 정신적 지도자

다른 사람과 함께 있을 때 가끔 어색하지 않은 사람이 있을까요? 이런 어색한 느낌도 인간의 본능일 텐데요. 이러한 느낌이 어디서 오는지 궁금하지 않나요?

여러분의 사회적 '안전거리'를 측정할 목록을 소개할게요. 열 가지 상황이 제시되었지만 아마 여러분은 이 열 가지를 모두 경험하지는 못했을 거예요. 자신에게 해당하지 않으면 건너뛰어도 좋아요. 실제로 경험한 항목에 대해서는 그때 느낌이 어땠는지 생각하고 솔직하게 답변하세요. 아래의 감정 척도에 따라 수치를 표시해보세요.

기분 좋고 편안하다 _1점

조금 긴장 된다 _2점

꽤 신경이 쓰이지만 참을만하다 _3점

당장 이곳을 빠져나가고 싶다! _4점

(친구들의 안전거리도 함께 측정해보세요.)

1. 가족과 함께 집에 있을 때

2. 친구들과 함께 백화점에 갔을 때

3. 모르는 사람이 많은 파티에 참석했을 때

4. 이성異性들만 모인 집단 속에 있을 때

5. 여러 인종이 섞인 집단 속에 있을 때

6. 구성원이 모두 외국인인 집단 속에 있을 때

7. 학교 입학 첫날에

8. 새로운 도시로 이사 갔을 때

9. 낯선 나라를 방문할 때

10. 낯선 나라로 이민 갔을 때

총점

총점이 몇 점인지 계산해보세요. 10점에 가까울수록 다양한 상황에서도 편안함을 느낀다는 뜻이에요. 하지만 총점이 40에 가까워질수록 철학자 시몬 드 보부아르(1908~1906)가 말한 '타자'의 영향을 많이 받는다는 뜻이지요.

위에 열거된 열 가지 상황에는 어떤 공통점이 있나요? 이들 모두가 갖가지 사회적 상황의 일종이라는 거예요. 기본적으로 사람은 많은 공통점을 가진답니다. 신체와 정신과 감정이 있어요 좋아하는 것과 싫어하는 것을 가지며 두려움을 느끼고 희망을 품지요. 그러나 다른 차원에는 사람 사이에는 많은 차이점이 존재해요. 문화와 인종적 배경, 외모, 지적 능력, 재능, 취향, 스타일 등 저마다 독특한 특성이 있지요.

위에 열거된 열 가지 상황에서 우리는 일종의 '타자', 즉 외부인이에요. 어색하거나 그 장소에 어울리지 않는다고 느끼는 이유는 우리가 그곳에 있는 나머지 사람에 비해 어떤 점에서 타자이기 때문이지요.

시몬 드 보부아르는 『제2의 성$^{The\ Second\ Sex}$』이란 저서에서 타자에 대해 논의했어요. 이 책에서 그녀의 주된 관심은 남성과 여성 사이의 '타자성', 즉 어느 정도 동떨어진 느낌이에요. 하지만 그녀는 타자성이 인류 전체로 확대될 수 있다고 주장한답니다. 남성과 여성 사이뿐 아니라 나라와 인종, 문화, 세대 사이에도 나타난다는 것이죠.

고대 그리스 시대 이후로 철학자들은 인간의 개인적 행동과 사회적 특성을 비교하는 데 큰 관심을 가졌어요. 드 보부아르의 '타자'의 개념을 잘 생각해보세요. 인간이 다른 사람과 어떻게 관계를 맺고 다양한 상황에서 관계를 어떻게 발전시키는지 깨닫게 된답니다.

1. 위에 제시된 상황 중 3 또는 4점을 매긴 항목이 있다면, 그런 점수를 매긴 이유를 생각해보세요. 여러분은 무엇 때문에 이러한 상황에서 강렬한 타자성을 느낄까요?

2. 여러분의 안전거리를 친구의 안전거리와 비교해보세요.

차이가 있을 거예요. 사람이 타인과 함께 있을 때 보이는 반응은 모두 다르기 때문이죠. 두 사람이 같은 상황에 다른 평가를 한다면 그 이유에 관해 이야기를 나눠보세요. 매우 흥미롭고 유익한 토론이 될 거예요. 예컨대 나는 다른 인종과 함께 있을 때도 그다지 불편하지 않아요. 다른 친구는 이럴 때 긴장과 어색함을 느끼기도 하죠. 내가 친구보다 타자성을 덜 느끼는 이유를 한번 설명해보세요. 이러한 토론은 우리와 타자 사이에 보이지 않는 장벽을 부수는 데 도움이 됩니다. 우리가 타자성에 대해, 그리고 강렬한 타자성을 느끼는 이유에 대해 잘 이해할수록 타자에 대한 낯선 감정은 줄어들기 마련이지요.

"미국에 가장 필요한 것은 창조적인
고독의 발견이다."

칼 샌드버그 Carl Sandburg, 시인

우리가 기술을 지배할까, 기술이 우리를 지배할까?

마르틴 하이데거 Martin Heidegger

기술^{art}이라는 말은 '예술' 또는 '공예'를 뜻하는 그리스어에서 왔어요. 그래서인지 우리는 기술을 어디에서나 찾아볼 수 있지요. 우리는 온통 예술과 공예로 만들어진 물건에 둘러싸여 있으니까요. 밤하늘에 떠 있는 별을 볼 때 근시 교정용 안경을 쓴다면, 순수한 자연을 즐길 때도 기술적 요소가 개입되는 셈이죠. 인간이 하는 일 중에 자연 이외의 요소가 있다면 어느 정도는 기술과 관련되었다는 뜻이에요.

아래에는 오늘날의 기술 발달에 대한 의견을 몇 가지 소개합니다. 제시된 문장에 대한 여러분의 생각을 '참' 또는 '거짓'으로 표시해보세요.

1. 미래에는 환경을 지나치게 오염시키지 않는 자동차가 만들어질 것이다.
2. 농업 전문가들은 세계의 늘어나는 인구를 모두 먹여 살리고 기아를 퇴치할 방법을 찾아낼 것이다.

3. 컴퓨터 기술에 대해 더 연구하지 않는 것이 낫다고 판단되면 인간은 연구를 그만둘 것이다.
4. 지구온난화는 심각한 문제가 아니다.
5. 과학기술의 발달로 천연자원이 많이 소비되어도 인간의 미래에 심각한 피해를 줄 정도까지는 이르지 않을 것이다.
6. 기술은 단점보다는 장점이 많다.
7. 현대인은 기술에 지나치게 의존하지 않는다.
8. 기술의 발달로 1백 년 전보다 현재의 삶이 훨씬 나아졌다.
9. 기술은 목적을 이루기 위한 수단에 불과하다.

위의 아홉 가지 문장에 대해 모두 '참'이라고 답했다면, 기술의 발달에 크게 우려하지 않는다는 뜻이에요. '거짓'이라는 답이 많을수록 기술이 우리에게 많은 문제를 안겨준다고 생각하는 거겠죠. 또한 9번 질문에 '거짓'이라고 답했다면 20세기의 유명한 철학자 마르틴 하이데거(1889~1976)와 생각이 같다는 뜻이랍니다. 하이데거는 기술이 목적 달성을 위한 수단일 뿐이라고는 생각하지 않았어요. 하이데거는 자연을 인간의 의도에 맞게 통제하려는 모습이 인간으로서의 본질을 보여준다고 생각했어요. 다시 말해 기술을 '목적을 이루기 위한 수단'으로만 접근하는 것은 너무 단순하다는 뜻이지요.

하이데거는 눈에 보이지 않는 기술의 의미를 완전히 이해하려면, 우리가 하는 행동의 의미를 반드시 생각해보아야 한다고 말해요. 자연에서 나온 자원으로 인간의 삶을 바꾸려고 이용할 때, 인간과 자연의 관계에 대한 현실, 즉 인간과 구별되는 자연의 타자성(질문 9를 참조하세요.)을 보여주는 것이지요.

우리가 기술을 지배하는 것일까요, 기술이 우리를 지배하는 것일까요? 만약 하이데거의 관점이 옳다면 이 문제의 답은 절대 단순하지 않아요. 하이데거가 말한 바로는 이 질문은 인간과 자연과의 관계를 설명하는 가장 중요한 핵심이랍니다. 기술이 인간의 통제 범위를 벗어나 인간을 위협한다면 우리는 어떻게 해야 할까요? 먼저 기술을 안다는 것이 어떤 의미인지 이해해야 이 질문에 답할 수 있어요. 우리는 그것을 이해하고 있나요?

1. 집이나 학교 안을 한 번 둘러보고 기술이 적용된 물건이 몇 개인지 찾아
   보세요. 또한 이 모든 물건이 우리에게 유익한지 생각하고 이들이 어떤 단
   점을 가졌는지도 살펴보세요. 분명 인간이나 환경에 해로운 측면도 있을
   거예요.

2. 1번 문제에서 조사한 결과를 활용해, 인간의 행복에 가장 유용하고
   중요하다고 생각되는 기술을 세 가지만 들어보세요. 그 기술이 유용한
   이유는 무엇인가요? 이제 환경이나 인간의 삶에 가장 해롭다고 생각하는
   기술 세 가지를 말해보세요. 그 기술이 해로운 이유는 무엇일까요?

> "아, 인간은 결국 자신이 만든
> 도구의 도구가 되고 말았구나."
>
> 헨리 데이비드 소로 Henry David Thoreau, 작가

"지식은 두려움의 치료약이다."

랄프 왈도 에머슨 Ralph Waldo Emerson, 수필가, 시인

제2부

인식

우리는 무엇을 알까요? 물론 많은 것들을 알지요. 우리가 지금 알고 있는 것을 어떻게 알게 되었는지 궁금하지 않나요? 막대기를 물속에 집어넣으면 그 막대기는 구부러진 것처럼 보여요. 그렇지만 그것이 실제로 구부러진 것일까요? 그렇지 않다면, 우리는 막대기가 구부러지지 않았다는 사실을 어떻게 알까요? 또한 물속에 있는 구부러진 막대기를 볼 때 우리는 무엇을 보고 있는 걸까요? 무덥고 쨍쨍한 날 우리는 신기루를 볼 수 있어요. 이때 우리 눈에 보이는 것은 과연 무엇일까요? 철학자들은 이러한 문제에 대해 많은 궁금증을 품으면서 지식을 얻는 과정은 복잡하지만 매우 흥미롭다는 사실을 발견했지요.

이 장에서 우리는 인식론이라 불리는 철학 분야의 질문을 살펴볼 거예요. 인식론은 우리가 사물을 어떻게 아는가를 설명하는 학문이지요. 인식론의 질문을 탐구한다고 여러분이 지금보다 더 똑똑해지지는 않겠지만, 지금처럼 많은 것을 알고 있는 이유를 알 수 있을 거예요!

질문
11

사물이 움직인다는 사실을 어떻게 알까?

제노 Zeno

"이 세상에 변화 이외에 영원한 것은 없다."

헤라클레이토스 Heraclitus, 그리스 철학자

"우리 둘 중 누가 더 빠를까?"

"보나 마나 내가 더 빠를걸."

"아냐, 내가 더 빨라!"

"좋아, 그럼 우리 경주하는 거야!"

우리 대부분은 경주해본 적이 있어요. 아마 여러분도 한두 번쯤은 우승해보았겠죠. 물론 아닐 수도 있겠지만 그건 중요하지 않아요. 지금 우리가 관심을 가져야 할 문제는 '누가 경주에서 이기는가?'보다 더 근본적인 문제, 바로 '경주가 실제로 있었다는 사실을 우리는 어떻게 아는가?'라는 문제랍니다.

아래 질문에 '참' 또는 '거짓'으로 답해보세요.

1. 어떤 물체는 움직인다.

2. 어떤 물체가 움직인다는 사실을 내가 어떻게 아는지 쉽게 설명할 수 있다.

질문 1에는 '참'이라고 답하지 않을 수 없네요. 질문 2에 '참'이라고 답하지 않기도 매우 어렵지요. 그렇다면 우리는 사물이 움직인다는 것을 어떻게 알까요? 우리 눈에 움직이는 모습이 보이기 때문이죠! 이렇게 간단하고 뻔한 질문이 어떻게 흥미롭고 심오한 철학적 문제가 될 수 있을까요?

철학자는 일상적인 경험과 사건들, 즉 너무나 흔하고 평범하여 보통 사람은 당연한 일로 받아들이는 현상에서 의문점을 찾아내곤 한답니다.

초기 그리스의 철학자 파르메니데스(기원전 515?~440?)도 이러한 의문점을 잘 찾아내는 인물이었어요. 파르메니데스에는 제노(기원전 495?~430?)라는 제자가 있었는데, 그는 파르메니데스의 생각을 믿고 그것들을 증명하려 노력했지요. 제노는 증명을 위해 매우 재미있는 방법을 썼어요. 바로 역설을 만드는 것이에요. 역설은 '설명될 수 없는 모순'을 말해요. 이 경우 제노는 움직임이 환상에 불과하다는 사실을 증명하려 했어요. 그는 사물이 움직이는 것처럼 보여도, 움직임이 무엇인지 설명하면 사물의 움직임은 그저 착각이라는 것이 밝혀진다고 생각했어요.

제노의 가장 유명한 역설을 하나 소개할게요. 그리스의 위대한 영웅이자 운동선수인 아킬레스에게 느림보 거북이가 달리기 경주를 신청해요. 물론 아킬레스가 훨씬 유리한 입장이기 때문에 거북이가 앞에서 출발하도록 배려해 경주를 좀 더 공평하게 시작하죠. 아래 그림과 같이 참가자인 아킬레스와 거북이가 모두 출발점에 섰을 때 거북이는 아킬레스보다 앞에 있어요.

거북이   _____

아킬레스   _____

출발! 거북이가 느릿느릿 움직이는 동안 아킬레스가 쏜살같이 달려가요. 그러다가….

거북이   _____

아킬레스   _____xxxxxxxx

아킬레스는 거북이가 출발한 바로 그 지점에 도착합니다.

그 사이 거북이는 조금 앞으로 이동했네요. 그런데….

거북이   _____yyyy

아킬레스   _____xxxxxxx

아킬레스는 땀을 뻘뻘 흘리기 시작해요. 그는 조금 전 거북이가 있던 지점에 도착했지만, 또다시 그 짧은 시간 동안 거북이는 조금 더 앞으로 나아갔어요. 그래서….

거북이   _____zzz

아킬레스   _____xxxxxxxxyyyy

이 이상한 경주의 결과가 어떻게 될지 이해했나요? 아킬레스는 경주에서 이기지 못해요. 거북이를 추월할 수 없을 뿐 아니라 거북이가 있는 지점에도 결코 도달하지 못해요. 왜냐고요? 거북이가 계속 움직이고 있기 때문이죠. 거북이가 있던 위치에 아킬레스가 도달할 즈음이면 거북이는 아주 조금이라도 그보다 앞쪽으로 이동하니까요. 만약 여러분이 아킬레스가 이기는 데 내기를 걸었다면, 미안하지만 내기에서 지고 말았군요. 왜일까요? 위의 설명으로는 경주에서 선수들이 계속 움직인다는 단순한 이유만으로 아킬레스는 결코 승리할 수 없게 된답니다.

제노는 이렇게 말해요. 우리는 이 경주에서 선수들의 움직임을 보고 있다고 믿지만, 우리의 눈이 속임수를 썼음을 깨닫게 될 뿐이라고요.

제노에 따르면 사실 경주는 실제로 시작된 적도 없어요. 시작된 것처럼 보일 뿐이지요!

대체 무슨 일이 일어나고 있는 걸까요? 우리는 제노와 똑같은 경기를 보고 있는데 말이죠. 사실 여러분은 아킬레스가 경주에서 쉽게 이기리라는 것을 알고 제노가 틀렸다는 것도 알고 있어요. 하지만 제노는 자신의 견해를 철학적으로 설명했어요. 그러므로 제노가 틀렸음을 철학적으로 밝히려면 우리도 제노의 설명이 왜 잘못되었는지 증명해야 한답니다.

아킬레스와 거북이의 경주에 대한 제노의 설명은 매우 흥미로워요. 이 역설이 흥미로운 이유는 '사물이 움직인다는 사실을 우리는 어떻게 아는가?'를 증명하기가 매우 간단해 보이기 때문이지요. 그러나 만약 제노가 옳다면, '사물이 실제로는 움직이지 않는다.'라는 매우 간단한 이유로 사물이 움직인다는 것을 우리가 어떻게 아는지 설명할 수 없게 돼요. 그 사물은 단지 움직이는 것처럼 보일 뿐이니까요.

> "당연한 것을 분석하려면
> 매우 비범한 사고를 해야 한다."
>
> 앨프리드 노스 화이트헤드 Alfred North Whitehead, 수학자, 철학자

1. 철학자 아리스토텔레스(질문 #2와 #12 참조)는 움직임에 대해 "움직임은 보기는 쉽지만 이해하기는 어렵다"고 말했답니다. 여러분도 움직임에 대해 생각해보세요. 여러분이 무언가가 움직인다는 사실을 아는 이유는 그 움직이는 모습이 눈에 보이기 때문인가요, 아니면 다른 이유가 있나요?

2. 여러분은 시각이나 청각, 촉각, 미각, 후각이 아닌 다른 방법으로 세상에서 일어나는 일들에 대해 알 수 있나요?

3. 수학에서 사용하는 숫자에 대해서는 어떻게 알 수 있나요? 시각이나 다른 감각을 통해 아나요? (숫자에 대한 흥미롭고 불가사의한 철학적 논점은 질문 #23을 참고하세요.)

4. 사물이 움직일 때 무슨 일이 일어나는지 설명하기란 전혀 쉽지 않아요. 하지만 우리가 무언가에 대해 어떻게 아는지 설명하는 것은 훨씬 더 어렵답니다. (이 문제에 대한 논의는 질문 #16을 참조하세요.)

5. 제노가 만든 역설만큼 흥미롭지만 이와 전혀 다른 역설이 궁금하다면 질문 #38을 참조하세요.

우리의 말은 어떻게 진실이 될까?

아리스토텔레스 Aristotle

> "현실에 순응하지 않아도 된다면
> 정신 활동은 어려울 것이 없다."

마르셀 프루스트 Marcel Proust, 소설가

대부분 우리는 진실을 말하고 싶어해요. 물론 곤경에 처했을 때는 거기서 벗어나기 위해 거짓말을 하고 싶지만요. (그렇다 해도 질문 #7을 잊지 마세요.) 그러나 사람들은 보통 진실을 매우 중요하게 생각하고, 일단 찾아낸 진실은 계속 보존하려 하지요.

그러나 진실이 무엇인지 밝히고 그것이 왜 진실인지 판단하기란 결코 쉬운 일이 아니랍니다. 철학자들도 고대 그리스 시대부터 진실의 본질을 밝히려고 많은 생각을 해왔답니다.

여러분이 학교에서 시험을 보고 있다고 상상해보세요. 학생들이 자주 접하는 참/거짓 퀴즈예요. 그런데 주어진 질문에 '거짓'이 아니라 '참'이라고 표시하는 것이 어떤 의미가 있는지 생각해본 적이 있나요?

다음의 참/거짓 문제를 풀어보면 진실에 대한 어떤 철학자의 이론을 이해할 수 있을 거예요. 옳다고 생각하는 답 옆에 X를 표시하세요.

1. 많은 사람이 진실이라고 믿는다면 분명 진실이다.
2. 당신이 한 말을 내가 믿는다면, 당신이 무슨 말을 했든 그것은 진실이다.
3. 내가 한 말을 나 자신이 진실이라고 믿는다면, 그것은 진실이다.
4. 당신이 무언가를 말하면서 그것이 진실이라고 믿고, 내가 그와 반대 사실을 말하면서 역시 진실이라고 믿는다면, 우리는 둘 다 진실을 말한 것이다.
5. 당신이 무언가를 말했고 그 말이 현 상태에 일치한다면, 내가 그것과 정반대의 사실을 말한다 해도 당신이 말한 것은 진실이다.

그리스 철학자 아리스토텔레스(기원전 384~322)는 논리학 분야의 저서 『범주론Categories』에서 "어떤 진술이 참인지 거짓인지는 상황이 실제로 그러한지 아닌지에 따라 결정된다."라고 말했어요. 이를 '진리대응론Correspondence Theory'이라 부르지요. 이 이론은 첫째, 명제(무언가에 대해 단정하거나 부인하는 문장)만이 참이나 거짓이 될 수 있다고 해요. 둘째, 명제는 세상의 실제 상태에 대응할 때만 진실이라고 인정해요. 그러니 아리스토텔레스의 이론을 따르면, 위의 처음 네 개의 질문은 '거짓'이라 답하고, 다섯 번째 질문에만 '참'이라 답해야겠지요.

다음은 아주 쉬운 참/거짓 문제입니다.

지구는 둥글다.

여러분은 당연히 '참'이라 답했을 테죠. 왜냐고요? 지구는 실제로 둥근 모양이니까요. (정확히 말하자면 '구형^{球形}'이라고 해야겠죠). 그런데 지구가 둥글다는 사실은 어떻게 알 수 있나요? 관찰을 통해 알 수 있지요. 이렇게 '지구는 둥글다'는 명제는 실제 상태에 대응하기 때문에 진실입니다.

생각 더하기

진실에 대한 아리스토텔레스의 이론이 옳다면, 위의 처음 네 개의 질문은 왜 '거짓'이 되어야 할까요? 각 질문의 답을 함께 살펴보세요.

1. 모든 사람이 지구가 평평하다고 믿는다면, (실제로 오랜 세월 동안 대부분 사람이 그렇게 믿어왔지요.) 정말 지구가 평평하다고 할 수 있을까요? 당연히 아니죠! 지구는 지금도 둥글지만, 모든 사람이 평평하다고 생각하던 과거에도 역시 둥근 모양이었으니까요. (질문 #36 참조)

2. 여러분이 말하는 것을 내가 믿는다면, 그것이 무슨 말이든 다 진실이 될까요? 아니죠. 여러분의 말이 틀릴 수도 있고 나의 판단이 항상 옳은 것도 아니니까요. 사실 이 경우 우리 두 사람 모두 틀렸을지도 몰라요.

3. 내가 무언가를 말하고 그 내용을 진실이라고 믿는다면, 실제로 진실이 될까요? 그렇지 않겠죠. 내가 실수로 잘못 알고 있을지도 모르니까요. 사실 이런 실수는 자주 일어난답니다! 그래서 세상의 이치에 대해 가능한 한 많이 알 필요가 있죠.

4. 상반되는 두 개의 전제가 모두 참일 수 있을까요? 그렇지 않아요. 하나가 거짓이거나, 둘 다 거짓일 수도 있지요. 예를 들어 내가 '모든 사과

75

는 빨간색이다.'라고 믿고, 친구는 '어떤 사과도 빨간색이 아니다.'라고 믿는다면 우리 둘 다 잘못 알고 있는 것이지요. 세상에는 빨간 사과도 있고 빨간색이 아닌 사과도 있으니까요. 여러분(또는 친구)이 그것을 진실이라 믿는다 해도 실제로는 거짓을 말한 것입니다.

"진실의 길은 멀고도 험하다."

존 밀턴 John Milton, 시인

자신의 존재를 의심할 수 있을까?

르네 데카르트 Rene Decartes

이상한 질문 같지만, 이 질문을 잘 생각해보면 인식론에서 가장 중요한 '확신^{certitude}의 본질'에 다가갈 수 있어요. 아래의 연습문제는 프랑스의 유명한 철학자 르네 데카르트(1596~1650)의 『성찰록^{Meditations on First Philosophy}』의 사상을 대표하는 질문들이에요.

데카르트는 철학적 진실을 말할 때, 완벽한 확신을 근거로 하길 원했어요. 이러한 확신을 발견하기 위해(그런 것이 있다면) 그는 의심할 수 있는 모든 것을 의심했지요. (데카르트는 이 과정을 '방법적 회의'라고 불렀답니다.) 데카르트는 절대 의심할 수 없는 것을 찾는다면 절대적 확신을 얻을 수 있으리라 생각했어요. 그러므로 데카르트에게 '~일 수도 있는 것'은 '의심할 수 있는 것'을 의미하지요.

데카르트는 만약 조금이라도 의심스러운 점이 있다면 반드시 의심해야 한다고 생각했어요. 결국 우리가 찾아야 할 것은 (만약 찾을 수 있다면) 절대로 의심할 수 없는 대상이죠.

우리도 데카르트처럼 의심해볼까요? 만약 조금이라도 의심이 든다면 절대로 확신할 수 없음을 명심하세요. 아래 문장에 대해 깊이 생각해 '참' 또는 '거짓'으로 대답하세요.

1. 내가 보고 있는 벽이 실제로 존재하지 않을 수도 있다.

2. 나에게 실제로 몸이 없을 수도 있다.

3. 내가 지금 꿈을 꾸고 있을 수도 있다.

4. 3+2는 5가 아닐 수도 있다.

위의 네 가지 질문에 모두 '참'이라고 답했다면 여러분은 훌륭한 데카르트주의자입니다! 하지만 넷 중 어느 하나라도 '거짓'이라고 답했다면 데카르트는 다시 한번 깊이 생각해보라고 할 거예요. 조금 더 생각해보면 확실하다고 생각한 게 그렇지 않을 때도 있다는 것을 깨닫게 될지도 모르니까요.

예컨대 하느님보다 강하지는 않지만 인간보다는 강한 '사악한 악마'가 존재해, 우리에게 혼란을 주려는 의도로 3+2가 실제로 5가 아닌데도 5인 것처럼 생각하게 할 수 있을까요? 데카르트는 그런 악마가 존재할 가능성도 있다고 말해요. 정말 그렇다면 위에 언급된 네 가지 가능성 모두가 진실일 수 있겠지요.

이제 데카르트의 최종 결론을 소개할게요. 다음 문장에 대한 답을 생각해보면 데카르트주의자들의 생각을 이해할 수 있을 거예요. 아래 질문에 '참', '거짓'으로 대답해보세요.

5. 내가 존재한다는 사실을 의심할 수 있다.

우리가 존재한다는 사실을 과연 의심할 수 있을까요? 절대 그럴 수 없지요! 한번 생각해보세요. 만약 내가 나의 존재를 실제로 의심한다면, 의심하는 내가 존재하는 셈입니다. 존재하지 않는 사람은 절대 의심할 수 없으니까요. 우리는 무언가에 대해 의심하거나 생각할 때는 반드시 존재하는 것이죠.

그렇습니다! 결국 데카르트가 확신의 근원을 찾아낸 셈이네요. 그것은 바로 자아, 그의 말을 빌리자면 '생각하는 존재'랍니다. 한마디로 이렇게 표현할 수 있겠지요. "나는 생각한다, 고로 나는 존재한다." (라틴어로는 'cogito ergo sum'이라고 합니다). 이러한 확신의 근원을 출발점으로, 데카르트는 자기 자신과 신, 과학, 수학 등 다른 모든 대상에 대해 추론하기 시작했어요. 데카르트의 사상은 후대의 철학자들(데카르트에 동의하지 않는 철학자들을 포함)에게 매우 중대한 영향을 주었기에 그를 종종 '현대 철학의 아버지'라고 부른답니다.

1. 확신의 근원이 생각이라는 데카르트의 입장은 우리의 정신을 이해하는 데 매우 중요해요. 예를 들어 정신과 뇌는 같은 걸까요? 뇌를 연구하는 많은 현대 과학자들은 이 질문에 '네'라고 대답해요. 이들은 정신이란 '정신적 기능을 수행하는 뇌의 다양한 능력'이라고 간단히 정의하지요.

2. 데카르트에게 정신이 뇌와 같은 것이냐고 묻는다면, 뭐라고 대답할까요? 데카르트의 방법적 회의를 적용해보면 그가 어떤 대답을 할지 추측해볼 수 있어요.

3. '여러분은 정신이 뇌와 같다는 현대의 과학적 견해와 정신과 뇌가 서로 다르다는 데카르트의 견해 중 어느 입장이 타당하다고 생각하나요?

'정신과 뇌는 같은가?'라는 질문에 접근하는 다른 방법을 소개할 게요. 어떤 물질적인 존재가 여러 부분으로 나누어질 수 있다면, 데카르트는 이를 존재의 '분리할 수 있는' 특징이라고 불렀어요. 반면 그는 정신을 '분리할 수 없다', 즉 부분으로 나눌 수 없다고 주장하지요. 『성찰록』의 여섯 번째 성찰에서 데카르트는 이 결론을 뒷받침하는 몇 가지 근거를 제시해요. 그중 하나는 '나 자신이 느끼거나 상상하거나 의심하거나 소망하면, 이 모든 활동을 하는 주체는 '나'라는 존재'라는

것이죠. 데카르트는 이것이 바로 정신이 분리될 수 없는 증거라고 생각
했어요. 여러분은 현대의 과학적 견해와 데카르트의 견해 중 어느 것이
맞다고 생각하나요? 매우 흥미롭지만 대답하기 어려운 문제이지요.

"확실성이란 대개 환상에 불과하다."

올리버 웬델 홈즈 Oliver Wendell Homes, 법률가

숲에 아무도 없을 때 나무가 쓰러지면 그 나무는 소리를 낼까?

조지 버클리 George Berkeley

이 질문은 철학계에서 오랫동안 논의되어 온 다소 낡은 질문이에요. '나무는 소리를 낸다'와 '나무는 소리를 내지 않는다.' 어느 쪽으로도 대답할 근거가 충분해 열띤 논쟁을 불러일으키기도 했어요.

위의 질문에 대한 대답은 '예' 또는 '아니오.' 둘 중 하나겠지요. 그렇다면 여기서 재미있는 실험을 한번 해볼게요. 여러분이 학교 강당 안에 있다고 상상해보세요. 여러분은 강당을 가득 메운 청중들에게 어떤 이야기를 들려주고 있어요. 그 내용은 다음과 같아요.

옛날에 젊은 철학자 두 명이 살고 있었다. 그들은 어느 아름다운 봄날에 자연의 소리와 경치를 즐기며 숲 속 길을 걷고 있었다. 새들은 지저귀고 부드러운 산들바람에 나뭇잎들이 바스락대고 있었다. 이런저런 대화를 나누던 두 철학자는 인식론에 대해 의견을 나누기 시작했다. 인간이 가진 지식의 본질과 한계에 관한 문제였다.

한 철학자가 다른 철학자에게 물었다.

"이보게, 혹시 그 오래된 질문 알고 있나? 숲 속에 아무도 없을 때 나무가 쓰러지면 소리를 내는가 하는 문제 말이야."

"물론이지. 누구나 다 아는 질문 아닌가."

"그러면 자네는 답이 뭐라고 생각하는가?"

"그걸 모른단 말인가?"

"알면 뭐하러 물어보겠나?"

첫 번째 철학자가 말했다.

"그저 가만히 생각해보면 답이 무엇인지 확실히 알 수 있다네."

그 순간 두 철학자는 서로의 얼굴을 바라보았다. 갑자기 벼락이라도 맞은 듯 첫 번째 철학자의 머릿속에 답이 떠올랐다. 그 답은….

이것이 이 이야기의 끝입니다. 여러분이 마지막 문장 '그 답은…'을 말하는 순간 갑자기 무대의 막이 내려갑니다. 이때 청중의 반응은 어땠을까요? '답이 도대체 뭐란 말이야?'라고 외치면서 소란을 일으키지 않았을까요?

이 실험에 몇 가지 새로운 사실을 덧붙여볼까요? 먼저 여러분은 이 이야기를 모두 외워 다른 사람에게 들려준다고 가정해봅시다. 또한 여러분은 이야기를 읊을 때 어떤 외부 감각도 사용하지 않아요. 다시 말해 자신이 하는 말을 듣지도 않고, 청중을 바라보지도 않고, 발밑의 나무 바닥도 느끼지 않는 상태죠. 이 경우 여러분은 '이야기가 끝난 후에 청중은 어떻게 반응했을까?'라는 질문에 대답할 수 있을까요?

정답은, 여러분이 어떤 감각을 통해서도 청중과 접촉하지 않으면 그들이 어떻게 반응했는지 알 수 없다는 것입니다. 그들의 반응을 추측할 수는 있겠지만, 그것이 질문의 요지는 아니니까요. 질문은 청중이 어떻게 반응했는지 확실히 알 수 있는가 하는 것이었지요.

'청중이 이야기에 어떻게 반응했는가?'에 대한 답을 알 수 있다면, 주위에 아무도 없을 때 나무가 쓰러지는 문제의 답도 역시 알 수 있지 않을까요?

그렇죠, 두 가지 질문에 대한 답은 똑같답니다. 아니 그걸 몰랐다고요! 만약 나무가 숲 속에서 쓰러질 때 주위에 아무도 없다면, 들을 사람이 없으므로 소리를 내는지 안 내는지 알 수 없겠지요. 아일랜드의 유명한 철학자 조지 버클리라면 이 질문에 대해 그렇게 답했을 거예요. (버클리는 1685년에 태어나 1753년에 사망했으며 영국 국교회의 주교였기 때문에 보통 '버클리 주교'라고 불립니다.) 그러므로 이 질문에 대한 답은 세 가지, '그렇다', '아니다', '알 수 없다.'라고 할 수 있지요.

> ## "지각의 문들이 깨끗이 닦인다면
> ## 모든 것은 있는 그대로 드러나리라."
>
> 윌리엄 블레이크 William Blake, 시인, 화가

1. '존재하는 것은 감각기관을 통해 인식된 것'이라는 원칙은 버클리의 철학에서 매우 중요해요. 무언가가 확실히 감각기관을 통해 인식되기 전에는 그것이 정말로 존재하는지 확신할 수 없다는 뜻이지요. 여러분은 이 입장을 반박할 반례 (질문 #2를 참고)를 찾아낼 수 있나요? 또한 누구도 지각하지 못하지만 계속 존재할 것이 분명한 대상을 생각해낼 수 있나요? 주의 깊게 생각해보세요!

2. 아래 질문에 대해 생각해보세요.

① 모든 인간이 동시에 잠들어서 아무도 지구를 감각기관을 통해 인식하지 못한다면 어떤 일이 생길까요? 지구가 사라지는 걸까요?

② 인간, 동물 등 감각기관을 통해 인식할 수 있는 모든 존재가 지구에서 사라진다면 어떻게 될까요? 역시 지구가 사라질까요? '존재하는 것은 지각된 것이다.'라는 원칙을 고려할 때 버클리는 어떻게 대답할까요?

③ 의식이 있는 생명체가 전혀 존재하지 않던 시절에도 지구는 존재했을까요? 아마도 그랬겠지요. 지각할 생명체가 아무것도 없는데 지구는 어떻게 계속 존재할 수 있었을까요? 버클리의 직업을 생각해보면, 지각할 인간이 없을때 어떻게 지구가 존재할 수 있었을지 알 수 있을 거예요.

중력의 법칙은 정말로 법칙일까?

데이비드 흄 David Hume

손에 연필이나 펜을 쥐고 있나요? 만일 그것을 손에서 놓는다면 어떤 일이 생길까요? 이 책에서 가장 쉬운 질문이죠! 연필은 아래로 떨어져요. 왜 그럴까요? 이 또한 쉬운 질문이에요. 바로 중력의 힘 때문이지요. 간단합니다, 그렇죠? 질문을 조금 바꿔볼게요. 여러분은 연필이 떨어질 거라고 확신하나요? 물론입니다! 확신하는 이유는 무엇인가요? 글쎄…. 중력의 법칙이 '법칙'이기 때문이 아닐까요. 그러면 중력의 법칙이 법칙이라고 확신하는 이유는 무엇인가요?

아래에 다양할 가능성을 표현한 문장들을 소개할게요. 각 문장을 읽기 전에 '가능'과 '불가능'의 의미가 무엇인지 생각해보세요. 그리고 '네' 또는 '아니오'로 대답하세요.

1. 나의 지능을 두 배로 올리는 것은 가능하다.

2. 내가 부유하고 유명한 사람이 되는 것은 가능하다.

3. 내가 지구 반대편에서 태어나는 것은 가능한 일이었다.

4. 도토리가 자라서 옥수수가 되는 것은 가능하다.

5. 씨앗에서 연필이 자라나는 것은 가능하다.

6. 연필을 손에서 놓을 때 떨어지는 것은 가능하다.

위 문장중 어느 하나에라도 '네'라고 답했다면, 가능성에 대한 생각이 스코틀랜드 철학자 데이비드 흄(1711~1776)과 같다는 뜻입니다. 그러나 일부 문장에 '네'라고 답했다 해도 4~6번에 '네'라고 답하지는 않았을 테죠. 왜일까요? 1~3번이 가능하다면, 4~6번 또한 가능해야 하지 않을까요?

흄은 우리가 연필(또는 다른 물건- 풍선은 제외하고요!)이 손에서 벗어나는 것을 보았을 때에만 확실히 떨어질 것임을 확신할 수 있다고 생각했어요. 그러나 연필을 놓은 다음에도 떨어지지 않는 일(흄은 이를 '모순'이라고 불렀습니다)이 일어나는 것은 불가능할까요? 절대 그렇지 않지요. 이런 일이 일어나면 정말 이상하긴 하지만 전혀 불가능한 일은 아니랍니다.

흄은 다음과 같은 결론을 내렸어요. 자연에서는 우리의 상식과 다른 사건이 얼마든지 일어날 수 있다고요. 우리가 중력을 별생각 없이 '법칙'이라 말한다면 실제 의미는, 우리가 경험에 근거해 사물을 그런 방식으로 보는 습관을 갖게 되었다는 뜻이지요. 결국 중력의 법칙은 단지 일반적인 경험의 기록일 뿐이에요. 이런 의미에서 '중력의 법칙'은 결코 법칙이라 할 수 없으며, 지금까지 사건이 일어나던 방식에 불과하지요.

"우리는 우리가 주는 것을 그대로 돌려받습니다.
그리고 자연은 우리의 삶 속에서만 살아갑니다."

새뮤얼 테일러 콜리지 Samuel Taylor Coleridge, 시인, 철학자

1. 법칙에는 나라의 법, 지방 정부의 법, (신자들을 위한) 교회법, 자연의 법칙 등 여러 가지가 있어요. 나라의 법이나 교회의 법은 언제든지 바뀔 수 있지요. 그렇다면 자연의 법칙도 바뀔 수 있을까요? 그렇지 않다면 자연의 법칙은 인간이 자신을 다스리거나 종교적 신념에 따르도록 통제하기 위해 만든 법과는 크게 다르다는 뜻이겠지요.

2. 자연의 법칙(과학적으로 연구된 법칙)은 왜 다른 법칙과 다를까요? 그리고 과학적 연구는 언제까지나 진행 중인 상태인데 우리는 왜 과학이 알려주는 자연의 법칙을 믿어야 할까요? 과학이 주는 확실성은 상식이 주는 확실성과 다른 점이라도 있을까요? 만약 있다면 그 이유는 무엇일까요? 사실 흄의 입장은 과학이 증명한 세상의 법칙에 의문을 품게 합니다.

우리가 무언가를 알고 있다는 사실을 어떻게 알까?

임마누엘 칸트 Immanuel Kant

"내 말이 옳다고!"

확실한가요? 만약 확실하다면 그렇게 확신하는 이유는 무엇인가요? 그저 옳다는 느낌이 들어서인가요, 아니면 다른 이유가 있나요? '우리가 무언가를 안다는 사실을 어떻게 확신하는가?'는 철학자들이 수천 년 동안이나 고민해 온 문제랍니다.

다음 연습 문제를 통해 이 문제에 대해 생각해보세요.

1. 여러분은 2+2=4라는 사실을 아나요? 어떻게 알 수 있나요? (①, ②, ③ 중 하나에 표시해보세요.)

① 그냥 그런 것 같으니까.

② 더하기는 이미 배웠으니까.

③ 보편적으로 인정되는 수학 법칙으로 증명할 수 있으니까.

2. 여러분은 잘 익은 빨간 사과를 손에 쥐고 있습니다. 사과가 빨갛다는 사실은 어떻게 알 수 있나요?(①, ②, ③ 중 하나에 표시해보세요.)

① 사과의 빨간색을 내 눈으로 볼 수 있으니까.

② 이런 색을 다들 '빨강'이라고 부르니까.

③ 내 눈에 빨간색으로 보이고 실제로도 빨간색이니까.

두 질문 모두 ③이라고 답했다면, 지식에 관한 한 임마누엘 칸트(1724~1804)와 생각이 같다는 뜻입니다. 칸트는 근대의 가장 중요한 철학자 중 한 명이에요. 『순수이성비판The Critique of Pure Reason』이라는 길고 난해한 책에서 칸트는 우리가 무언가를 안다고 확신하기 위해서는 어떤 조건을 만족해야 하는지 설명합니다.

칸트는 주관적 조건과 객관적 조건이 만족할 때 지식을 얻을 수 있다고 생각했어요. 첫째 내가 무언가를 진실이라고 조금도 의심하지 않는다면, 즉 무언가를 긍정적이고 '주관적으로' 확신한다면, 둘째 내가 확신하는 것이 '객관적으로' 명확하여 모든 사람이 그것을 알 수 있다면, 나는 이것이 진실임을 '안다'고 말할 수 있답니다. 그러므로 칸트는 지식이 반드시 '주관'과 '객관'이라는 요소를 고루 갖추어야 한다고 생각했어요.

위의 두 문제의 답 ③을 검토해보면, 둘 다 주관적 요소(관찰자인 나)와 객관적 요소(내가 관찰하는 대상)를 포함하고 있음을 알 수 있지요.

생각 더하기 -------------------------------

1. 칸트의 말대로 지식에 주관적 요소와 객관적 요소가 포함된다면, '지식 knowledge'과 '의견opinion'의 차이는 무엇일까요? 또한 지식과 '믿음belief'의 차이는 무엇일까요?

   (힌트를 주자면, 믿음을 표현하는 문장과 의견을 표현하는 문장을 찾아 의견과 믿음의 차이를 생각해보세요. 그 차이를 구분할 수 있다면, 의견과 지식 또는 믿음과 지식 사이에 어떤 차이가 있는지도 말해보세요. 여기에 의견과 믿음의 예를 소개해요. 물론 여러분이 이러한 예를 직접 찾아보는 것도 좋겠지요.)

   의견: "지구가 구형처럼 보이지만 사실은 평평하다고 생각해."
   믿음: "역사적으로 공산주의가 민주주의보다 더 나은 형태의 정부라고 증명되었다고 믿어."

2. 위의 두 연습 문제에 ③이외의 답을 했다면, 여러분은 지식의 본질에 대해 칸트와 다른 생각을 가졌는지도 모르겠군요. 정말로 칸트의 견해에 동의하지 않는다면 그 이유는 무엇인가요?

> "모든 지식은 그 자체로 가치가 있다.
> 몰라도 될 만큼 사소하거나 하찮은 지식은 없다."
>
> – 새뮤얼 존슨 Samuel Johnson, 작가, 사전편찬자

92   철학하는 십대가 세상을 바꾼다

다른 사람의 감정을 이해할 수 있을까?

루트비히 비트겐슈타인 Ludwig Wittgenstein

"너무 슬퍼."

"나도 네 맘 알아."

여러분은 이 대화의 양쪽 입장을 모두 이해할 거예요. 슬프다는 감정을 느낄 때도 있고, 슬픔을 겪고 있는 사람을 동정할 때도 있었을 테니까요.

이런 상황을 생각해보세요. 여러분은 중요한 시험에 대비해 열심히 공부했지만 성적이 좋지 못했어요. 이때 어떤 감정을 느낄 것 같나요? (가장 적절한 답에 동그라미를 표시하세요.)

슬픔   실망   좌절   분노

물론 위의 감정들이 뒤섞여 나타나기도 하겠지요. 하지만 여러분이 단지 슬픔만을 느낀다고 가정해볼게요. 여러분이 '슬프다'고 말하면, 그 말을 들은 사람에게는 어떤 반응이 일어날까요? 내가 슬픔을 느끼고 다른 사람에게 슬프다고 말한다고, 그 사람은 내가 느끼는 것과 똑같이 슬픔을 느낄까요? 다른 사람도 우리의 감정을 그대로 느낀다고 말할 수 있을까요?

20세기의 유명한 철학자 루트비히 비트겐슈타인(1889~1951)은 언어에 대해 그리고 언어와 정신 및 언어와 감정의 관계에 대해 깊이 연구했어요. 그의 저서 『철학적 탐구Philosophical Investigations』에서 그는 우리가 말을 할 때 어떤 현상이 발생하는지 설명하려고 '언어게임language game'이라는 개념을 사용했어요. 여기에서 게임은 사람이 재미로 하는 활동을 의미하는 것이 아니에요. 비트겐슈타인은 우리가 자연언어(한국어나 영어처럼 인간이 일상적으로 사용하는 언어)를 말할 때는 그 언어에 의미를 부여하는 특정한 법칙을 따른다고 보았답니다.

결국 우리가 슬픔이란 감정을 언어로 표현할 때는, 슬픔이라는 단어를 사용하는 특정한 법칙, 즉 이 단어에 적합한 행동이나 몸짓을 수반한다는 것이지요. 만약 내가 웃거나 기뻐 날뛰면서 '슬프다.'라고 말한다면, '슬프다'는 단어를 올바로 사용하는 것이 아니에요. 슬픔의 언어게임에서 규칙을 어기는 셈이지요.

또한 내가 '나는 슬플 때 행복을 느낀다.'라고 말한다면 이 또한 규칙에 맞지 않아요. 정상적인 상황에서 우리는 슬픔과 행복을 동시에 느낀다고 말할 수 없기 때문이지요. 그 말을 듣는 사람은 우리가 무슨 뜻으로 그런 말을 하는지 알 수 없어 혼란을 느낄 거예요. 그래서 우리는 다른 사람의 감정을 직접 알 수 있다고 주장하는 대신, 언어게임에 참가하는 것이랍니다. 우리는 모두 이러한 게임을 하고 있어요. 다른 사람이 어떤 단어를 법칙에 맞게 사용할 때면 그게 무엇을 뜻하는지 어느 정도는 알 수 있답니다.

여러분이 느끼는 기본적인 감정을 말로 어떻게 표현할지 생각해보세요. 아래의 공간에 여러분이 생각한 단어나 어구를 적어보세요. (시는 산문이 표현하지 못하는 감정을 정확하고 심오하게 표현할 수 있어 매우 효과적이지요. 그런 점에서 철학자는 시인에게 감사해야 한답니다!)

슬플 때, 나는_____라고 느낀다.

슬플 때, 나는_____이(하)다

행복할 때, 나는_____라고 느낀다.

행복할 때, 나는_____이(하)다

----

1. 다른 사람이 여러분과 같은 식으로 보고 느낀다는 확실한 증거가 있나요? 여러분은 다른 사람의 마음을 '보거나', '들을' 수 있나요? 컴퓨터는 마음이 있는 것처럼 행동하나요? (질문 #20 참조)

2. 반 친구에게 슬픔과 같은 기본적인 감정을 어떻게 표현하는지 물어보세요. 친구들이 말한 여러 표현에 대해 의견을 나눠보세요. 그중 어떤 표현이 가장 '정확하거나' '생생한' 이유를 말해보세요.

3. 감정을 표현하는 가장 효과적인 수단은 언어일까요? 음악이나 미술 등 예술이 감정을 더욱 생생하고 진실하게 표현하는 것은 아닐까요? 음악이나 미술 작품(그림, 조각 등) 하나를 골라 그 작품이 언어보다 감정을 잘 표현하는지 분석해보세요.

"마음에는 이성으로
이해할 수 없는 이유가 있다."

블레즈 파스칼 Blaise Pascal, 수학자, 철학자

자신에게 거짓말을 할 수 있을까?

장 폴 사르트르 Jean-Paul Sartre

거짓말하기는 어렵지 않아요. 거짓말을 하는 이유는 여러 가지가 있지만, 대개는 난처한 상황에서 벗어나기 위해서지요. '거짓말이 언제나 나쁜 것인가'라는 문제는 질문 #7에서 살펴보았어요. 다른 사람에게는 가끔 거짓말을 한다 해도, 과연 자기 자신에게 거짓말을 할 수 있을까요?

사례 1.

학교에서 가장 '잘나가는' 아이들이 모여, 자신들이 좋아하는 어떤 활동을 하려고 해요. 하지만 나는 그 일을 좋아하지 않아요. 그래도 나는 그 그룹에 끼고 싶어 그들이 하는 활동을 하기로 하지요. 그것을 함께 한다면, 나도 그 애들만큼 잘나가는 사람이 될 테니까요!

여러분이 그 활동에 참가하면 생길 결과들을 생각해보세요. (그 활동이 무엇인지는 직접 골라보세요. 잘나가는 아이들은 그것을 하고 싶어하지만 여러분은 하고 싶지 않다는 것을 잊지 마세요.) 그다음 활동에 참가할 경우 여러분이 실제로 어떤 경험을 하게 될지 표시해보세요.

1. 결국 내가 그 활동을 좋아한다는 사실을 알게 된다.
2. 그 활동이 즐겁지 않지만, 남들에게는 즐거운 것처럼 보이게 행동한다.
3. 그 활동이 즐겁지 않지만 나 스스로 즐겁다고 느낄 수 있게 행동한다.
4. 내가 그 활동을 즐거워하지 않는다는 사실을 나 자신도 잘 알고 있지만, 즐겁다고 믿을 수 있다.

사례 2.

담배를 피우는 친구들이 내게도 한번 피워보라고 권해요. 이 아이들과 계속 친구로 남기 위해 나는 난생처음으로 담배에 불을 붙이고는 한 모금을 빨아들입니다. 처음으로 경험한 흡연에 대해 내가 할 수 있는 반응은 세 가지예요. 그중 가장 적절해 보이는 반응을 골라보세요.

1. 심하게 콜록거리면서 나 자신에게, "담배를 피우는 건 정말 좋구나!"라고 말한다.
2. 도저히 못 참겠다는 생각이 들지만, 담배를 피우는 친구들 앞에서는 이런 반응을 하지 않는다.
3. 흡연은 전혀 즐겁지 않다. 하지만 담배를 피울 때마다 나 자신에게 흡연

이 즐겁다고 말하면, 실제로는 전혀 흡연이 즐겁지 않더라도 즐기는 것처럼 생각할 수 있다.

프랑스 철학자 장 폴 사르트르(1905~1980)는 실존주의라는 20세기 철학 사조를 대표하는 인물 중 한 명이에요. 실존주의자라고 불리는 철학자는 많지만, 이들은 여러 주제에 대해 서로 다른 견해를 가진 경우가 많지요. 그러나 공통으로는, 철학이라는 학문이 우리가 날마다 겪는 구체적이고 일상적인 경험을 탐구해야 한다고 믿었어요.

『존재와 무$^{Being\ and\ Nothingness}$』라는 방대한 저서에서 사르트르는 일상적 삶의 여러 측면을 분석해요. 그중 하나가 바로 '자기기만$^{bad\ faith}$' 이지요. 자기 자신에게 거짓말을 할 때마다 우리는 자기기만을 하는 것이랍니다. 자기기만이란 우리의 깊은 내면에서는 진실이 아님을 알아도, 어떻게든 자신에게 그것이 진실이라고 이해시키는 행동을 말한답니다. 예를 들어 사례 1에서 4를 선택하거나 사례 2에서 3을 선택했다면, 여러분은 사르트르가 정의하는 자기기만의 의미를 조금은 알고 있다는 뜻이지요.

자기기만에서 최대한 멀어지고 싶다면, 자신에 대해 가능한 한 많이 알아야 해요. 전해 내려오는 말에 의하면, 플라톤과 아리스토텔레스가 살던 고대 그리스 시대의 사원에는 '너 자신을 알라.'라는 말이 새겨져 있었다고 해요. 하지만 자기 자신에 대해 제대로 알기란 절대 쉽지 않지요. 가장 큰 문제는, 우리가 원한다고 믿는 대상과 정말로 필요로

하는 대상을 혼동하는 것이랍니다. 자신에 대해 진정으로 잘 안다고 말할 수 있는 사람은 사실 매우 드물지요. 그런 경지에 오르려면 엄청난 노력과 통찰력이 필요하니까요. 여러분은 자신에 대해 얼마나 잘 알고 있나요?

> "우리는 자기 자신에게 거짓말할 때
> 가장 요란한 거짓말을 한다."
>
> 에릭 호퍼 Eric Hoffer, 부두노동자, 철학자

1. 자기기만에 빠졌던 경우, 즉 자기 자신에게 거짓말을 했던 때를 떠올려 보세요. 우리는 이러한 자기기만의 상황을 어떻게 벗어날 수 있을까요?

2. 우리는 어느 정도는 항상 자기기만에 빠져 있지 않나요? 인간이 자기와 자신의 모든 행동에 완전히 정직해질 수 있을까요?

우리는 사물을 있는 그대로 알까, 보이는 대로 알까?

버트런드 러셀 Bertrand Russell

자신에 대해 알기란 쉽지 않아요. 그러면 자신이 아닌 다른 대상에 대해서는 쉽게 알 수 있을까요?

책상이나 의자 등 간단한 사물을 예로 들어보지요. 책상이 정말로 책상이 맞는지 알고 싶다면, 보고 느끼며 만져 보아야겠죠. 즉 책상이 책상이라는 것을 알려면 먼저 그 물체를 책상으로 알아서 깨달아야해요.

다음의 실험을 해보세요. 나와 친구 한 명이 책상을 바라봅니다. 나는 책상의 바로 위를 내려다보며 서 있고 친구는 교실 저편에서 보고 있어요. 이제 각자 자신이 본 것에 대해 정확하게 설명해보세요. 실제로 보고 지각한 대상만 묘사해야 한다는 것을 기억하세요. 아래 공간에 물체의 크기, 모양, 색을 묘사해보세요.

	나		친구
크기			
모양			
색			

두 사람은 같은 시각적 경험을 했나요? 친구는 나보다 크기가 좀 더 작은(책상에서 훨씬 더 멀리 떨어져 있기 때문에) 물체를 묘사할 거예요. 모양은 어떤가요? 나는 사각형으로 볼 것이고, 친구는 마름모 모양(관찰한 각도가 다르므로)으로 볼 테지요. 색에 대해서도 다르게 묘사할지도 몰라요. 교실에 불이 켜져 있고 물체에 불빛이 비치고 있다면 말이죠.

버트런드 러셀(1872~1970)은 저명한 수학자이자 철학자예요. 그는 『철학의 문제들The Problems of Philosophy』이라는 책에서 인간은 엄밀히 말해 물체의 색, 형태, 느낌 등 감각을 통해 얻은 정보만을 안다고 주장해요. 즉 사물을 볼 때 우리는 그것을 직접 인식하는 것이 아니라 사물에 대한 자신의 경험을 인식한다는 뜻이지요. 철학자들은 이러한 경험을 '감각자료sense-date'라 부른답니다. 어떤 정보든 '감각에 제공'되었다면 모두 감각자료이지요.

그러나 사람들은 같은 사물에 대해서도 서로 다른 감각자료를 가져요. 그래서 여러 사람의 감각자료가 같은 사물을 가리키는지 분명치 않을 때도 있어요. 결국 감각자료가 다르면 모든 개인의 경험은 특별해질까요? 우리가 보고 있는 물체가 다른 사람에게도 같은 물체라는 사실을 어떻게 알 수 있을까요?

우리는 그것이 같은 물체라는 사실을 추론할 수 있을 뿐, 지각하지는 못해요. 개인이 지각하는 대상은 그 사람에게만 해당할 뿐이니까요. 즉 감각자료는 한 사람에게만 의미가 있으며, 다른 사람의 감각자료는 나의 감각자료와 얼마든지 달라질 수 있답니다. 그렇다면 조금 이상한 질문이지만, 감각이 말하는 대상이 우리가 지각하려던 그 물체를 가리킨다고 어떻게 확신할 수 있을까요?

이것은 '현상appearance과 실재reality'의 문제에 대한 접근 방법 중 하나랍니다. 감각을 통해 우리가 느끼는 것은 분명 실재하지만, 그러한 현상이 정말로 실재를 가리키는지 어떻게 알 수 있을까요? 많은 철학자가 이 문제를 심각하게 고민했어요. 이 질문에 답을 알면 철학자들은 어떤 사물을 실제로 간주하는지, 실재하지 않으면서 실재하는 것처럼 보이는 사물에는 어떤 것들이 있는가를 판단할 수 있지요.

단순하고 평범한 책상을 보는 것에도 이렇게 난해하고도 흥미로운 철학적 논점이 있다니, 정말 놀랍지 않은가요!

1. 실재하는 것과 실재하지 않는 것을 구분하기 위해서는 어떤 증거를 말할수 있을까요? 예를 들어, 숫자는 실재하나요? (질문 #23 참조) 생각은 실재하나요? 생각과 숫자는 같은 방식으로 실재할까요? (질문 #24 참조)

2. 책상을 현미경으로 검사하면 무엇을 볼 수 있나요? 이렇게 수집한 감각자료는 눈으로 본 책상의 모습보다 책상의 실체를 밝히는 데 더욱 믿을만한 자료인가요?

> "이 놀라운 세상의 절반은 눈과 귀가 창조한 것,
> 절반은 감지한 것"
>
> 윌리엄 워즈워스 William Wordsworth, 시인

컴퓨터는 생각할 수 있을까?

대니얼 데닛 Daniel Dennett

컴퓨터는 참으로 놀라운 기계예요. 그런데 컴퓨터는 생각할 수 있을까요? 이는 컴퓨터가 갈수록 복잡해지고 많은 기능을 수행하면서 더욱 널리 논의되는 질문이지요. 최근에 급성장 중인 인공지능(보통 AI라고 불러요.) 분야에서 매우 중요하게 취급하는 문제이기도 하고요.

'컴퓨터는 생각할 수 있을까?'라는 질문의 답은 '생각'이라는 개념의 정의에 따라 달라져요. 생각이라는 게 무엇을 의미하는지 안다면, 컴퓨터가 생각할 수 있는지도 쉽게 판단할 수 있겠지요. 인간에게 생각은 어떤 의미인지는 널리 논의되고 있지만, 여전히 의견의 합일에 이르지 못하고 있답니다. 철학자뿐 아니라 인지 과학자 등 뇌를 연구하는 사람 사이에서도 격렬한 토론과 논쟁이 벌어지고 있지요.

다음의 연습문제를 풀어보면 이 질문이 얼마나 복잡하고 흥미로운지 알 수 있을 거예요. 컴퓨터의 사고 가능성에 대한 다섯 가지 의견을 읽고, '참' 또는 '거짓'을 표시해보세요.

컴퓨터는 생각할 수 있다. 만약,

1. 컴퓨터가 체스 세계챔피언을 이긴다면.

2. 컴퓨터가 시를 쓴다면.

3. 컴퓨터가 레오 톨스토이의 『전쟁과 평화』만큼이나 길고 훌륭한 소설을 쓴다면.

4. 컴퓨터가 스스로 움직일 수 있다면.

5. 컴퓨터가 정확한 발음으로 '슬프다'고 말할 수 있다면.

철학자 대니얼 데닛(1942~)은 '생각^{thinking}'이라는 개념을 '의식^{consciousness}'으로 대체해야 한다고 주장해요. 결국 컴퓨터가 인간과 같은 방식으로 의식을 가지는지가 중요하다는 거지요. 그러면 이 문제는 '인간의 의식을 어떻게 설명할 것인가'의 문제가 된답니다.

데닛은 AI 관련 문제에서 일반적인 접근방식과 다르게 접근했어요. 컴퓨터가 의식을 가질 수 있는가를 상상하는 대신, 이와 반대되는 질문을 던졌지요. '인간이 갖는 의식은 컴퓨터가 윙윙 소리를 내며 유용하고 창의적인 행동을 할 때의 의식과 다른가?'라고 질문해야 한다는 것이에요.

이는 매우 복잡한 문제입니다. 여기에 답하려면 살아있는 유기체인 인간과 기계인 컴퓨터의 실재^{reality}를 비교해야 하니까요. 사실 이 질문은 '우리는 실재를 어떻게 이해할 것인가'에 대한 수많은 질문 중 하나에 불과하답니다. 여러분은 이제 새롭고, 신기하고, 매혹적인 '실재'의 세계로 철학적 여정을 떠날 준비가 되었나요?

"자동화가 계속된다면
인간의 모든 수족은 퇴화하고
버튼을 누를 손가락 하나만 남을 것이다."

프랭크 로이드 라이트 Frank Lloyd Wright, 건축가

생각 더하기 --------------------------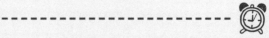

1. 위 연습문제에는 다섯 가지 정신 활동이 제시되었어요. 여러분이라면 컴퓨터가 의식이 있고 생각할 수 있음을 어떻게 증명할 수 있나요?

2. 인간의 뇌에 대해 점점 더 많은 사실이 과학적으로 밝혀지고 있습니다. 과학이 인간의 모든 느낌, 감정, 생각, 욕망을 뇌 활동으로 설명하게 될 날이 과연 올까요? 그렇지 않다면 이유는 무엇일까요? 뇌의 기능 중에서 인간이 궁극적으로 설명할 수 없는 것은 무엇일까요?

"형이상학은 정신을 초월하려는
정신의 노력이다."

- 토마스 카라일 Thomas Caryle, 역사학자

제3부

실재

여러분은 실재하나요? 물론이죠. 나무는 실재하나요? 물론이고 말고요. 숫자는 실재하나요? 당연하지요. 그렇다면 여러분과 나무, 숫자는 모두 같은 방식으로 실재하나요?

여러분의 피부에는 색이 있나요? 그래요. 그 색은 실재하나요? 그렇습니다. 여러분은 피부색이 실재하는 것과 같은 방식으로 실재하나요?

우리는 인간이에요. 우리의 친구들도 인간이지요. 우리와 친구들은 모두 분명히 존재해요. 그러면 '인간'이라는 종족은 인간 개개인과 별개로 존재할까요?

이 모두는 철학자들이 실재에 대해 생각할 때 제기하는 문제랍니다. 이러한 분야의 철학을 형이상학이라 불러요. 가장 추상적이지만 가장 많은 철학자가 흥미롭게 여기는 분야이지요. 제3부에서는 수천 년 동안 형이상학자들의 흥미를 끌어온 고전적 질문을 소개할 거예요. 어떤 면에서 가치(제1부)나 인식(제2부)에 대한 질문은 모두 실재에 뿌리를 두고 있답니다. 결국 우리가 실재한다고 생각하는 것이 우리의 가치와 세계, 자신에 대한 인식에 영향을 미치기 때문이지요.

제3부의 질문은 다소 까다로운 편이에요. 생각을 많이 해야겠지만 분명 즐거운 경험이 될 거예요!

아무것도 생각하지 않을 수 있을까?

파르메니데스 Parmenides

이 질문은 다양한 논리 퍼즐의 형태로 응용돼요. 아무것도 생각하지 않으려 하면 오히려 그렇게 하기가 어려워지지요. 아무리 애를 써도 정신 일부분은 아무것도 생각하지 않겠다고 생각하는 정신의 다른 부분에 영향을 받으니까요!

우리의 정신에 생각하지 말 것을 요구하지 말고, 완전히 아무것도 생각하지 말라고 요구해볼까요? 어서 해보세요! 여러분의 정신은 텅 빈 공간인 검은 공백을 상상하고 있나요? 그게 아무것도 생각하지 않는 건가요? 아니죠! 그것은 텅 빈 공간이고, 어둠과 공백은 분명 존재하는 것이니까요. 그러면 질문 #21에 대한 답은 '아니다'가 되겠지요.

고대 그리스 철학자 파르메니데스(기원전 515?~445?)는 아무것도 생각하지 않으려고 시도해보고, 보통 부정을 나타내는 말로 쓰이는 '아니다'는 단어에 대해서도 깊이 생각해보았어요. 하지만 파르메니데스는 우리가 아무것도 생각하지 않는 것 자체가 무언가에 대해 생각하는 것이 된다고 추론했어요. 왜일까요? 우리가 아무것도 생각하지 않으려면 아무것도 생각하지 않는 것을 생각해야 하니까요. 결국 아무것도 생각하지 않기란 불가능한 것이죠. 그래서 파르메니데스는 아무것도 아닌 것 자체가 존재하지 않는다는 결론을 내렸답니다.

정말 이상한 결론 같지 않나요? 아무것도 아닌 것^{nothing}이 존재하지 않는다면 '아니다^{not}'도 존재하지 않아요. 그런데 만약 '아니다'가 존재하지 않으면, '아니다'를 포함하는 문장(예컨대 '아테네는 뉴욕이 아니다.')은 의미가 없어지게 되죠. 파르메디네스는 이러한 결론으로 '모든 실재는 하나'이며 사물들 사이에 겉으로 보이는 차이점은 단지 환상에 불과하다고 추론했어요.

이게 도대체 무슨 말일까요? '아무것도 생각하지 않을 수 있는가?' 라는 질문을 다른 방식으로 접근해 볼까요? 여러분이 특이한 유머 감각을 가진 철학자가 만든 참/거짓 시험 문제를 풀고 있다고 상상해보세요. 그 첫 번째 문제는 다음과 같아요. 다음 문장에 '참' 또는 '거짓'을 말해보세요.

이 단어는 두 글자로 이루어졌다.

어라? 무척 당혹스런 문제네요. '이 단어는 두 글자로 이루어졌다.'라는 문장에서 이 단어란 무슨 단어를 말하는 걸까요? 사실 이 문장은 어떤 단어를 지시하고 있는지 분명하지 않아요. 만약 '이 단어'가 '단어'를 가리킨다면 문장은 참이 되어요. 하지만 '이루어졌다'를 가리킨다면 문장은 거짓이 되겠지요.

우리가 질문의 모호한 점을 지적하자, 철학자는 이 문장을 조금 고칩니다.(질문은 바뀌지 않았습니다)

'단어'라는 단어는 두 글자로 이루어졌다.

이 경우 두 번째 등장하는 단어는 처음에 등장하는 '단어'를 지시합니다. (따옴표 안의 단어) 결국 문장 속의 단어가 어떤 기능을 하는지 알면 문장의 의미는 명확해지고 질문에도 정확하게 답할 수 있지요.

그러면 '의미'와 '지시' 사이의 중요한 차이를 처음 질문에 적용해볼까요. '아무것도 생각하지 않을' 때, '아무것'이라는 말의 의미에 대해 생각하는 걸까요? 아니면 '아무것'이 지시하는 개념을 생각하는 걸까요?

'아무것'을 개념으로 본다면, 특정한 성질이나 구조를 가진 관념을 지시하는 것입니다. 그러니 이 경우 '아무것'이라는 개념은 '어떤 것'이나 '모든 것'이라는 개념과 차이가 없어요. '아무것'이 개념을 지칭한다면 이제 우리는 '아무것'의 의미에 대해 주의 깊게 생각해볼 수 있어요.

'아무것'의 의미와 '아무것'이 지시하는 대상을 구분한다면 파르메니데스가 생각하는 아무것도 아닌 것이 존재하지 않는 세상은 피할 수 있을 것 같네요. (잠깐만요. 그래도 파르메니데스를 완전히 잊어버리진 말자고요! 파르메니데스의 제자인 철학자 제노가 실재에 대한 파르메니데스의 입장이 사실임을 증명하기 위해 만든 흥미진진한 역설을 보고 싶다면 질문 #11을 참조하세요.)

"무無는 아무것도 아닐 뿐."

윌리엄 셰익스피어 William Shakespeare, 시인, 극작가

1. 의미와 지시의 구별은 철학에서 매우 중요해요. 존재하지 않는 사물에 대한 의미 있는 문장이 있을 수 있을까요? 즉 실재하지 않는 대상을 지시하는 문장이 있을까요? 켄타우루스가 실제로 존재하지 않는 경우에 '모든 켄타우루스는 다리가 네 개 있다'고 말한다면 의미가 있는 문장일까요?

2. 이번에는 매우 까다로운 질문을 할게요. 형이상학자로서 여러분의 능력을 시험해보고 싶다면, '아테네는 뉴욕이 아니다.'라는 문장에서 '아니다'는 단어가 어떤 기능을 하는지 설명해보세요.

3. 0(영)은 아무것도 없는 것과 같을까요? 지금은 산수에서 0이라는 개념이 당연하게 받아들이지만, 여러 세기 동안 0이라는 개념 자체가 알려지지 않아 사람들은 간단한 계산에도 큰 불편을 겪었답니다. 0이 아무것도 없는 것과 같지 않다면, 차이점은 무엇인가요?

우연이라는 게 있을까?

데모크리토스 Democritus

> "우연이란 말은 의미가 없다.
> 그 무엇도 원인 없이 존재할 수는 없으니까."

볼테르 Voltaire, 작가, 철학자

우리는 예상치 못했거나 특이한 사건을 설명할 때 '우연'이라는 말을 써요. 우연한 사건들은 우리에게 도움이 될 때도 있고 해를 끼칠 때도 있으며 아무런 영향을 주지 않을 때도 있지요. 다음 연습문제로 우연에 대해 생각해보면 우연이라는 개념이 실제로 얼마나 불가사의한지 이해할 수 있을 거예요. 아래 사건들이 우연히 일어난다고 생각하면 '네', 우연한 사건이 아니라고 생각하면 '아니오.'라고 답하세요.

1. 영화관에 갔는데 오랫동안 만나지 못했던 친구를 만났다.

2. 달리기를 하다가 발목을 삐었다.

3. 복권에 당첨되었다.

4. 오래오래 행복한 삶을 산다.

5. 이틀 뒤에 태양이 폭발한다.

그리스 철학자 데모크리토스(기원전 460?~370?)는 세상이 원자^{atom}로 구성되었다고 믿었어요. (영어 단어 'atom'은 '분리할 수 없는', 또는 '더 작은 부분으로 쪼갤 수 없는'이라는 뜻을 지닌 그리스어 'atomos'에서 왔습니다.) 즉 데모크리토스는 유물론자였지요. 유물론은 세상이 오로지 물질로만 구성되었다고 보는 형이상학적 입장이에요.

데모크리토스는 원자에 대해 그 수가 무한하고 끊임없이 움직이며 언제나 존재한다고 생각했어요. 또한 원자들은 여기저기 돌아다니다가 서로 결합하여 인간을 비롯한 자연의 모든 형체를 형성한다고 보았지요. 이 과정은 어떤 목적이나 계획 없이 기계적으로 일어나요. 그러다 생명체가 죽거나 무생물이 여러 조각으로 나누어지면 다양한 원자들은 뿔뿔이 흩어져 다른 물체의 구성요소가 되는 것이지요.

위 연습문제에 제시된 다섯 가지 사건 중 어느 하나라도 '네'라고 답했다면, 데모크리토스와 생각이 다르다는 뜻이에요. 그는 며칠 뒤에 태양이 폭발하는 사건을 포함해 다섯 가지 사건은 모두 기계적인 원칙에 따라 발생한다고 생각했어요. 데모크리토스는 전적으로 '우연히' 일어나는 일은 없다고 주장합니다.

'우연한' 사건은 그 사건을 구성하는 원자의 상태를 우리가 사전에 몰랐기에 우연히 생기는 것처럼 보일 뿐이라는 뜻이지요. 원자가 어디로 가고 있는지, 어떤 힘으로 움직이는지 안다면 우연히 일어나는 일은 없을 테니까요. 그래서 우연은 '무지^{ignorance}'와 비슷합니다. 우주의 원자들이 어떻게 움직이는지 모르는 우리의 무지 때문에 우연처럼 보인다는 뜻이지요.

> "주사위를 던진다고
> 우연을 없앨 수 있는 것은 아니다."
>
> 스테판 말라르메 Stephane Mallarme, 시인

1. 데모크리토스가 옳다면 모든 사람은 운동 역학에 따라 움직이고 행동하는 원자의 집단일 뿐이에요. 그렇다면 우리가 과거에 무엇을 했고, 미래에 어떤 행동을 하든 모든 것은 이미 결정되어 있다는 뜻이지요. 이 경우에도 우리는 자신이 한 행동에 대해 칭찬받거나 꾸중을 들어야 할까요?

2. 데모크리토스는 실재에 대한 해석에서 우연한 사건이란 존재할 수 없다고 주장해요. 우연한 사건이 일어날 가능성을 인정하려면 실재를 어떻게 해석해야 할까요? (어려운 질문입니다. 자신이 철학적 사고력이 뛰어나다고 생각할 때만 문제를 풀어보세요.)

3. 데모크리토스는 원자가 같은 종류의 사물을 계속 형성하는 이유를 설명할 수 있을까요? 왜 원자들은 전혀 종류가 다른 사물을 계속 만들어 내지 않는 걸까요? 다시 말해 세상의 사물은 왜 모두 다르지 않을까요?

4. 언젠가 과학이 자연의 모든 신비를 풀어낼 때가 올까요? 여러분의 견해를 밝히고 그 이유를 말해보세요.

숫자를 사용하지 않으면 숫자는 어떻게 될까?

플라톤 Plato

"나는 아무것도 발명하지 않는다. 발견할 뿐이다."

오귀스트 로댕 Auguste Rodin, 조각가

우리 대부분은 수학에 대해 조금은 알고 있어요. 수학의 가장 기초적인 영역인 산수는 일상생활에 꼭 필요하기 때문이지요. 산수를 할 때 우리는 숫자를 다양한 방법으로 결합하면서 사용해요. 그런데 아무도 숫자에 대해 생각하지 않으면, 숫자에게 어떤 일이 일어날까요?

다음의 객관식 문제를 풀어보세요. 사람이 숫자를 사용하지 않거나 숫자에 대해 전혀 생각하지 않으면 어떤 일이 생길지 가장 적절한 답에 표시해보세요.

1. 아무 일도 일어나지 않는다. 사람이 생각하든 하지 않든 2+2가 4라는

사실에는 변화가 없다.

2. 모든 숫자가 사라진다. 숫자는 사람이 사용할 때만 존재하기 때문이다.

3. 지금은 아무도 숫자에 대해 생각하지 않더라도, 인간이 처음으로 숫자를 생각한 순간부터 숫자는 저절로 존재하게 되었다.

조금은 이상한 문제 같지만 형이상학에서는 매우 중요한 논점이랍니다. 우리는 숫자가 실재한다고 믿지요. 하지만 어떻게 실재할까요? 만약 숫자나 사각형, 원, 제곱근 등의 수학적 개념이 단지 생각 속에서만 존재한다면 이들은 수학자에 의해 창조되는 순간부터 존재하기 시작해요. 반면 수학적 개념들이 원래부터 스스로 존재했다면 수학자에 의해 창조된 것이 아니라 발견된 것일 뿐이지요. 옛날부터 항상 존재했지만 알려지지 않았던 대륙을 탐험가가 발견하는 것과 마찬가지로요.

그리스 철학자 플라톤(기원전 427~347)은 『파이돈Phaidon』(등장인물 중 한 명의 이름을 딴 제목입니다.)이라는 대화편에서 2는 1+1과 같지 않다고 주장합니다. 1+1이 우연히 2가 되었을 뿐, 2와 본질에서 같은 것은 아니라는 얘기지요. 또한 플라톤은 숫자란 단순히 연속적인 정수의 집합이 아니며, 하나하나가 모두 독특한 존재라고 생각했어요. 2와 3은 모두 숫자이지만 2와 3은 다른 숫자이며, 3과 4는 다른 숫자라는 뜻이지요.

다음의 간단한 산수 계산을 생각해보면 숫자에 대한 플라톤의 생각을 이해할 수 있을 거예요.

4-2=2

3-1=2

1+1=2

위의 계산 결과는 모두 2로 같아요. 그러므로 2 자체는 모든 계산에 쓰일 수 있는 특별한 존재예요. 그래서 플라톤은 숫자가 언제나 존재해 왔다고 생각했어요. 숫자가 존재하기 위해 인간의 사고가 필요한 것은 아니라는 뜻이죠. 따라서 플라톤이라면 위 연습문제의 답이 1번이라고 말할 테지요.

"나는 경탄하네. 숫자의 은밀한 마술을."

토마스 브라운 Sir Thomas Browne, 작가, 시인

1. 아무도 숫자에 대해 생각하지 않을 때도 숫자가 스스로 존재할 수 있는가는 수학 철학에서 언제나 논쟁의 대상이 되었어요. 이 문제에 관심이 있는 철학자들이 플라톤의 접근 방식에 모두 동의하는 것은 아니지만요. 플라톤과 달리 숫자가 언제나 존재하는 것은 아니라고 생각한다면 산수에서 사용되는 숫자를 어떻게 설명해야 할까요?

2. 여러분은 (기하학에서) 삼각형이 평면에 그려졌을 때만 존재한다고 생각하나요, 아니면 삼각형 역시 스스로 존재하지만, 인간의 사고를 통해서만 인식할 수 있다고 생각하나요? 플라톤이라면 이 질문에 어떻게 답했을까요?

3. 산수의 철학적 사용에 관한 주제는 질문 #13에서도 다루고 있어요.

숫자와 인간은 같은 방식으로 실재할까?

아리스토텔레스 Aristotle

여러분은 실재하나요? 물론이에요. 그럼 여러분의 친구는 실재하나요? 물론이지요. 그렇다면 숫자들은 실재하나요? 당연하지요. 그렇다면 숫자들은 여러분과 같은 방식으로 실재하나요? 글쎄요.

얼핏 보기에 마지막 질문은 매우 이상하게 느껴져요. 철학자들이 형이상학을 연구할 때는 이상한 질문을 많이 던집니다! 실재에 관한 문제는 매우 불가사의하고 흥미롭기 때문이지요. 인간인 여러분의 실재는 숫자 2의 실재와 무엇이 다를까요?

아래 질문은 너무 관념적이어서 낯설게 느껴질 수 있어요. 그러니 '네' 또는 '아니오.'라고 답하기 전에 질문의 의미가 무엇인지 생각해보세요. 또한 질문 사이에 어떤 규칙이 있는지도 한번 찾아보세요.

1. 숫자는 인간보다 더 실재하는가?

2. 인간은 개보다 더 실재하는가?

3. 개는 식물보다 더 실재하는가?

4. 식물은 돌보다 더 실재하는가?

5. 돌은 눈송이보다 더 실재하는가?

6. 눈송이는 원자보다 더 실재하는가?

7. 원자는 원자의 구성 입자보다 실재하는가?

8. 원자의 구성 입자는 켄타우루스보다 실재하는가?

9. 켄타우루스는 사각원보다 실재하는가?

위의 아홉 개 질문에 모두 '아니오.'라고 답했다면, 모든 실재하는 사물은 같은 방식으로 실재한다는 입장에 동의한다는 뜻이에요. 이 입장은 실재하지 않는 것은 아무것도 아닌 것, 즉 '비존재nonexistence'라고 주장해요. (질문 #21 참조) 사물이 '더' 또는 '덜' 실재할 수는 없다는 것이지요.

하지만 실재를 보는 다른 관점도 있어요. 『형이상학Metaphysics』이라는 저서에서 그리스 철학자 아리스토텔레스(기원전 384~322)는 '존재는 여러 방식으로 설명할 수 있다'고 주장했어요. 철학자는 반드시 사물이 어떻게 실재하며, 실재하는 정도나 수준이 현실적이고 의미가 있는지를 설명해야 한다는 것이지요. 여러분도 이러한 형이상학적 사고를 연습하고 싶다면 이 책을 읽어보세요.

1. 특별한 성질을 지닌 존재는 그 성질이 없는 존재보다 더 실재한다고 볼 수 있을까요? 플라톤의 생각처럼(질문 #23 참조) 숫자가 영원하다면, 제한된 수명을 가진 인간보다 더 실재할까요?

2. 만약 어떤 존재가 다른 존재보다 특별한 성질을 더 많이 지녔다면, 더 실재한다고 할 수 있을까요? 예컨대 인간이 돌보다 복잡하다는 이유로 돌보다 더 실재한다고 볼 수 있나요?

3. 아홉 개 질문은 숫자처럼 추상적인 존재에서 인간과 같이 복잡한 존재에 대한 질문으로 이어져요. 크기와 복잡성이 점점 줄어들다가 신화의 존재, 그리고 사각 원처럼 모순적이어서 아예 존재가 불가능한 대상(이러한 의미의 불가능성은 질문 #30을 참조)으로 옮겨가지요. 이 규칙은 아홉 질문에 언급된 존재 중 어느 것이 다른 것에 비해 더 실재하거나 덜 실재한다고 판단하는 데 도움이 될까요?

"인간은 지나친 현실성을 참지 못한다."

T. S. 엘리엇 Thomas Stearns Eliot, 시인

우리가 시계를 볼 때는
시간을 보는 것일까?

성 아우구스티누스 St. Augustine

"학교 갈 시간이야."

"저녁 먹을 때가 됐어."

"지금은 숙제할 시간이야!"

우리는 지금이 몇 시인지 궁금할 때가 많아요. 특히 뭔가 재미있고 흥미로운 일을 앞두고 있거나, 불쾌하고 지루한 일이 끝나기를 기다릴 때는 더욱 그렇지요. 그런데 여러분은 시간이 무엇인지 생각해본 적이 있나요? 이는 철학적이고 흥미로우며 생각할수록 알쏭달쏭한 질문이지요.

북아프리카에서 태어나 서기 354년에서 430까지 살았던 성 아우구스티누스는 신학자이자 철학자였어요. 그는 시간에 대해 생각하면 머리가 아프다고 털어놓았지만, 어쨌든 시간이 무엇인지는 설명할 수 있다고 했지요. 시간에 대한 아우구스티누스의 생각은 그의 저서 『고

백록^{Confessions} 』에 담겨 있답니다.

여러분은 어제 무엇을 했나요? 이 질문에는 쉽게 대답할 수 있겠죠. 그렇다면 '어제는 어디에 있는가?'라는 질문은 어떨까요. 음…. 쉽지 않은 질문이군요. '이미 지나갔고 다시는 돌아오지 않는다.'라고 답할 수 있겠지요.

내일은 무엇을 할지 자신에게 물어보세요. 아마 머릿속에 몇 가지 할 일이 떠오를 거예요. 이제 '내일은 어디에 있는가?'라고 질문해보세요. 역시 답하기 어렵네요. '내일은 아직 오지 않았다'고 대답해야겠죠. 하지만 잘 생각해보세요. 내일은 절대 오지 않아요. 내일이 오는 순간 그것은 내일이 아닌 오늘이 되니까요!

이제 자신에게 물어보세요. 지금 이 페이지를 읽는 때가 언제 인가요? '현재'이지요. 하지만 우리가 현재에 속해 있다는 건 어떻게 아나요? 바로 우리가 이 페이지를 읽고 있다는 것을 인식하기 때문이에요. 그렇다면 우리가 보고, 듣고, 만지는 감각을 사용할 때마다 현재에 존재하는 것을 알게 되는 셈이지요.

시간에 대한 흥미로운 질문을 더 소개할게요. 다음 두 질문에 '네' 또는 '아니오.'로 답하세요.

1. 보는 사람이 없을 때도 나무는 자라는가?
2. 우리가 자고 있을 때도 시간은 흘러가는가?

이제 다음 문제를 읽고 가장 알맞은 답에 동그라미를 표시하세요.

3. 시간이 흘러갈 때는 어떤 느낌이 드는가?

① 바람을 가르며 달려가는 느낌이다.

② 시간은 아무런 느낌도 주지 않는다.

③ 내가 무엇을 하고 있는지에 따라 다르다.

4. 지겨울 때는 시간이 어떻게 느껴지는가?

① 모래구덩이에서 빠져나오려 안간힘을 쓰는 느낌이다.

② 아무런 느낌도 주지 않는다.

③ 영화를 보는데 필름이 갑자기 끊어지는 느낌이다.

5. 즐거운 일을 할 때는 시간이 어떻게 느껴지는가?

① 겨울에 썰매를 타고 언덕을 미끄러져 내려오는 느낌이다.

② 너무 빨리 지나가서 어떤 느낌인지 잘 모르겠다.

③ 재미있으면 됐지 무슨 상관인가.

1번과 2번 질문의 답을 검토해보세요. 그다음 4번과 5번 질문의 답을 비교하세요. 4번과 5번 질문에서 시간에 대한 느낌은 매우 다를 거예요. 같은 사람도 어떤 때는 지루하다가 어떤 때는 즐거울 수 있으니까요. 같은 시간이라도 어떻게 보내느냐에 따라 크게 달라지지요! 그렇다면 시간이란 정확하게 무엇일까요?

성 아우구스티누스는 시간을 과거, 현재, 미래로 나누면, 어떤 의미에서 과거와 미래는 존재하지 않는다고 했어요. 과거는 '이제는', 미래는 '아직' 존재하지 않으니까요.

시간이 우리 눈앞에서 모두 사라지는 것 같네요! 하지만 현재에 대해 잘 생각해보면 시간을 이해할 수 있지 않을까요? 여러분이 '기억'을 하는 때는 언제일까요? 바로 지금, 현재이지요. 여러분이 기억하는 모든 일은 과거에 일어났지만, 과거에 대한 기억은 지금 우리의 머릿속에 있어요. 최근의 가장 재미있던 일을 한번 기억해보세요. 그 일을 기억하는 때는 언제인가요? 바로 지금이에요!

내일이 온다는 것은 어떻게 알 수 있나요? 완전히 확신할 수는 없지만, 내일이 분명히 온다고 기대할 수는 있어요. 이러한 '기대'도 역시 '현재'에 한답니다. 내일 재미있는 일을 해야겠다고 생각했다면, 내일이 올 것으로 '현재'에 기대한다는 뜻이지요.

그렇다면 여러분이 이 페이지를 보는 때는 언제인가요? 현재이지요. 우리가 현재에 존재하는 것을 아는 이유는 우리의 정신이 책을 본다는 사실을 인식하기 때문이에요. 즉 우리가 무언가를 볼 때 '본다는 것'을 우리는 '인식'합니다.

시간에 대한 아우구스티누스의 철학은 이렇게 요약할 수 있어요. 아우구스티누스는 시간이 스스로 존재할 수 없다고 생각했어요. 시간은 인간의 머릿속에서 창조되어 정신활동에 연결된 것이라 여겼지요. 그러니 아우구스티누스라면 시계에 보이는 숫자는 시간이 아니며, 그저 숫자에 불과하다고 말할 거예요. 시계 속 숫자들이 일정한 속도로 움직이며 시간을 측정한다 해도, 시간 자체는 시계와는 별개로 존재하니까요.

과거는 우리의 기억과 함께 존재하고, 현재는 지금 지각하는 대상과 함께, 미래는 어떤 일에 대한 기대와 함께 존재합니다. 하지만 이 모든 것은 우리의 머릿속에 있어요! 시간은 정신의 작용에 따라 존재할 뿐이지요.

여러분은 시간에 대한 이 이론이 옳다고 생각하나요? 철학자의 생각이 타당한지 평가하는 한 가지 방법은, 그 생각이 옳다면 어떤 결론으로 이어질지 상상해보는 거예요. 시간에 대한 아우구스티누스의 생각에 이 방법을 적용해볼까요?

세계가 현재의 모습 그대로지만 한가지 크게 다르다고 상상해보세요. 모든 인간과 동물에게 정신이 없다고 가정하는 거죠. 그런 세상에서 시간은 어떻게 될까요? '시간이 존재하지 않게 된다.'가 정답이에요! 왜일까요? 아우구스티누스를 따르면 시간은 정신 속에서만 존재하니까요. 그러므로 정신이 없는 세계에는 시간이 존재할 공간이 없다는 얘기죠.

아우구스티누스가 말하는 시간의 개념을 사물의 움직임이나 성장과 혼동하지 않도록 주의하세요. ('움직임을 어떻게 이해할 것인가'라는 흥미로운 주제는 질문 #11을 참고하세요.) 예를 들어 식물은 정신이 없는 세상에서도 계속 성장할 거예요. 성장에는 정신이 필요치 않으니까요. 정원에 있는 나무가 자라려면 나무에 대해 생각해야 하나요? 물론 아니죠! 하지만 정신을 지닌 인간이 아무도 나무의 성장을 지켜보지 않는다면 (우리의 상상 속 세계에는 정신이 존재하지 않는다는 걸 기억하세요.) 그 성장을 측정할 수도 없을 거예요. 그래서 아우구스티누스는 나무가 이렇게 성장하는 동안은 시간이 존재하지 않는다고 생각한 거죠.

이렇게 보니 시간에 대한 아우구스티누스의 생각은 정말 알쏭달쏭하네요. 여러분도 시간에 대한 자신만의 이론을 만들어보면 어떨까요? 아우구스티누스와 다른 이론을 만들려면, 인간의 정신에 대한 내용은 포함하지 말아야 한다는 점을 기억하세요.

1. 세상의 모든 시계가 갑자기 멈춘다면 시간은 어떻게 될까요?

2. 시간이 정신 속에서만 존재한다면, 누구의 정신 속에 존재하는 걸까요?

   ('시간이란 무엇인가?'라는 질문에 답하는 데 어느 정도의 시간을 소비할 것인지

   한도를 정해두면 좋겠네요. 행운을 빌어요!)

"3차원 공간과 시간 사이에는 아무런 차이가 없다.
시간을 따라 우리의 의식이
함께 움직인다는 점 외에는"

허버트 조지 웰스 H. G. Wells, 작가

우주가 빅뱅으로 생겼다면, 빅뱅은 무엇으로부터 생겼을까?

성 토마스 아퀴나스 St. Thomas Aquinas

우주는 어떻게 시작되었을까요? '빅뱅' 이론으로는, 우주는 약 200억 년 전 소량의 물질이 폭발하여 발생했으며, 시간이 지나면서 지금 우리가 아는 우주의 모습이 형성되었다고 해요. 이것이 우주^{cosmos}의 구조와 기원을 연구하는 과학인 우주론^{cosmology}의 기본 이론이랍니다. 이 분야를 연구하는 과학자들은 대부분 이 이론을 지지해요. 그렇다면 이 이론이 우주의 기원에 대한 모든 것을 설명할 수 있을까요?

성 토마스 아퀴나스(1225~1274)는 중세의 가장 유명한 철학자 중 한 명이에요. 그는 신^神에 관한 문제를 연구하는 학문인 신학의 권위자이기도 했어요. 아퀴나스는 하느님에 관한 문제는 기본적으로 종교적 신념을 바탕으로 답을 찾아야 한다고 생각했지요. 하지만 그는 신학 문제 중에는 철학자들이 이성으로 증명할 수 있는 것도 있다고 생각했어요. 그러한 질문 중 하나가 '하느님의 존재는 증명할 수 있는가?'

예요. 아퀴나스의 대답은 '그렇다!'이고요.

『신학대전Summa Theologica』('최고의 신학'이라는 뜻의 라틴어)이라는 책에서 아퀴나스는 하느님의 존재를 증명하는 다섯 가지 간단한 '논증'을 제시합니다. 그중 다섯 번째는 '우주의 질서에서 나오는 증거'라는 방법으로, 우주가 질서나 계획을 보여주기 위해 존재한다고 전제해요. 다섯 번째 증거를 추론하는 방식은 매우 난해하지만, 요점만은 우리도 이해할 수 있어요. 우리가 우리 우주의 옆에 존재하는 평행우주에 산다고 가정하는 거예요. 그러면 빅뱅에 관한 질문에도 대답할 수 있답니다.

이 평행우주는 우리 우주와 매우 비슷해요. 우리 우주보다 훨씬 오래되었다는 점을 제외하면 말이죠. 그 우주에는 문과 창문이 있어 다른 우주에서 어떤 일이 일어나는지 지켜볼 수 있답니다. 그 우주의 창문에서는 우리 우주의 새벽을 관찰할 수 있고, 빅뱅이론에 따라 우리 우주가 시작되는 바로 그 순간도 지켜볼 수 있어요. 물론 모두 상상 속에서만 가능하지만요. 이제 여러분의 상상력과 사고력, 추론능력을 발휘해보세요. 여러분이 우리 우주의 탄생을 지켜보고 있다고 상상하면서, 다음 질문에 가장 적합한 답을 찾아보세요.

1. 폭발하기 직전에 빅뱅의 '물질'은 어떤 상태일까?
   ① 불룩한 수박 같은 모양
   ② 움직임이 없는 기하학적 형체

③ 특별한 형태가 없는 복잡한 물질 덩어리

(여러분이 우리 우주보다 오래된 평행우주에서 우리 우주의 탄생을 지켜보고 있다는 점을 기억하세요. 이제 평행우주의 문 앞으로 좀 더 가까이 다가가 다음의 질문에 대해 생각해보세요.)

2. 폭발하기 1천 년 전에 이 물질은 어떤 상태였을까요?

① 폭발하기 1초 전과 같은 상태

② 폭발하기 직전과 완전히 다른 상태

③ 1천 년 전이니까 빅뱅의 구성 물질은 존재하지 않았을 것이다!

아마 여러분은 ①이나 ②를 골랐겠지만, 보기 ③은 매우 흥미로운 철학적 문제를 제기한답니다. (사실 보기 ①와 ②도 마찬가지지만요!) 여기서는 일단 보기 ③에 대해 살펴볼게요.

3. 만약 빅뱅의 물질이 폭발 1천 년 전에는 존재하지 않았다면, 그때는 무엇이 존재했을까요?

① 빅뱅과는 관계없는 다른 물질 덩어리

② 그때는 우리 우주에 아무것도 존재하지 않았다.

두 개의 보기를 준 이유는 가능한 답이 두 가지밖에 없기 때문이에요. 하지만 보기 ①와 ②는 모두 까다로운 철학적 문제로 이어질 수 있지요.

보기 ①은 빅뱅이 어떻게 일어났든 상관없이 물질이 존재했다면, 빅뱅 전에도 우주가 존재했다는 뜻이 되지요. 왜일까요? 어딘가에 다른 물질이 존재했을 테고, 그 '어딘가'가 바로 우주이니까요!

보기 ②는 빅뱅의 물질이 폭발하기 전에 아무것도 존재하지 않았다면, 빅뱅의 물질은 무無에서 생겨났다는 뜻이겠지요. 하지만 무에서 뭔가가 생겨난다는 게 가능할까요? (글쎄요….)

4. 한 가지 의문점이 더 있습니다. 만약 폭발하기 1천 년 전에 빅뱅의 물질이 존재하지 않았다면, 이 물질은 어디서 온 걸까요?

① 다른 어딘가에서 왔을 것이다.

② 그냥 갑자기 존재하게 되었다.

이 정도로 해야겠네요. 이런 객관식 질문 속에서 계속 헤매다 보면 이상한 나라에 갇힌 앨리스 같은 기분이 들 테니까요. 이젠 여러분도 철학자들이 이 문제에 얼마나 어려움과 흥미를 느꼈을지 이해하겠지요. 사실 정말로 복잡한 문제랍니다.

문제를 조금 정리해볼게요. 토마스 아퀴나스는 과학자들이 빅뱅이론을 처음 생각한 때로부터 7백 년 전에 살았어요. 하지만 그가 지금 이 시대를 살았다면 분명히 '빅뱅은 무엇으로부터 생겼는가?'라는 질문을 던졌을 거예요.

아퀴나스는 그 무엇도 무에서 생겨날 수는 없다고 생각했어요. 그런 일은 불가능하지요. 그러니 빅뱅의 물질은 창조되어야만 해요. 단 하루 (빅뱅이 있기 전에 '날'이 존재할 수 있을까요? 질문 #25를 참조하세요.) 만에 갑자기 나타날 수는 없으니까요.

또한 아퀴나스는 우주가 다양한 생물들이 질서있게 존재한다고 생각했어요. 식물과 동물, 지능이 부족한 여러 생물이 조화를 보이기 위해서는, 물질의 창조자는 지적인 존재여야 한다고 추론했지요.

이렇게 복잡한 우주를 창조한 존재라면 그 지성은 매우 높아야 해요. 즉 전지전능해야지요. 그렇다면 창조자가 될 수 있는 존재는 단 하나뿐이에요. 바로 하느님이지요. 우주가 복잡하면서도 질서정연하고 그 무엇도 무에서 생겨날 수는 없기에, 빅뱅의 물질을 포함한 모든 우주를 창조하고 우주에 질서를 부여하는 존재가 반드시 필요하죠. 바로 하느님이란 존재가요. 아퀴나스는 성경을 비롯한 종교적인 근거는 전혀 사용하지 않고 자신의 사고와 철학적 추론능력만으로 이런 결론을 내렸답니다.

자, 이제 '빅뱅은 무엇으로부터 생겼는가?'라는 질문에 아퀴나스가 어떻게 답했을지 아시겠지요? '하느님으로부터'가 답이랍니다.

생각 더하기

1. 위의 객관식 문제를 자세히 살펴보았다면, 2번 문제의 매우 중요한 가정을 눈치챘을 거예요. 문제를 보자마자 알아차렸을지도 모르죠. 만약 그랬다면 여러분은 훌륭한 철학자랍니다! 아퀴나스의 논증에서 그는 과연 무엇을 가정하고 있을까요?

2. 2번 문제에는 빅뱅이 일어나기 1천 년 전에 빅뱅의 물질이 존재하지 않았다는 보기가 포함되어 있어요. 하지만 빅뱅의 물질은 언제나 존재해왔을지도 모르는 일 아닐까요? 만약 '영원성'이 물질의 성질이라면 물질은 언제나 존재할 테니까요. 물질이 언제나 존재했다면 그 물질이 어디서 왔는지 질문할 필요도 없겠지요. 아퀴나스는 물질이 저절로 생길 수 없으니 반드시 누군가 창조해야 한다고 가정했어요. 하지만 물질이 영원하다면 언제나 존재할 수 있지요.

3. 물질이 정말로 영원하다면 이는 다섯 번째 논증인 '우주의 질서에서 나오는 증거'라는 결론에 어떤 영향을 줄까요? 영원한 물질이 우주에 질서를 부여하려면 하느님이 반드시 존재해야 한다는 다섯 번째 논증의 결론을 지지할까요, 아니면 반박할까요?

이 주제에 마지막으로 생각할 문제예요. 다음번에 혹시 빅뱅에 대한 글을 읽게 된다면, 빅뱅의 기원과 관련해 이번 질문의 내용을 다루고 있는지 살펴보세요. 철학은 많은 사람이 중요하다고 생각하지 않거나, 감히 대답하지 못하는 문제의 답을 찾는 것이랍니다!

"하늘은 하느님의 영광을 이야기하네."

시편 19:1

지금의 나와 5년 전의 나는 같은 사람일까?

존 로크 John Locke

오랜만에 만난 친구나 친척에게 "너였구나! 못 알아볼 뻔했어!"라는 말을 들은 적이 있나요? 대부분은 그런 경험이 있지요. 한창 성장하는 어린 시절에는 더욱 그렇고요. 하지만 5년(또는 그보다 많은)의 세월이 지났어도 우리 자신만은 내가 그때와 같은 사람이라는 것을 알고 있습니다.

내가 나라는 것을 어떻게 확신할까요? 우리의 세포는 끊임없이 생장하고 죽고 다시 생장하며, 우리의 몸은 여러 가지 면에서 계속 변하고, 우리의 정신은 언제나 새로운 지식을 배우고 새로운 경험을 하는데 말이죠. 그런데도 나는 여전히 나입니다. 왜 그럴까요?

철학자는 이를 '인격 동일성Personal Identity'의 문제라 불러요. 학생증으로 증명할 수 있는 신분을 의미하는 것이 아니에요. 학생증은 그저 사진이 인쇄된 플라스틱 조각에 불과하지요. 사진은 변하지 않지만 우리는 항상 변하기 때문에 어떤 점에서 사진이 우리를 제대로 나타낸다고 할 수 없어요. 이 문제에 대해 생각해보면, 각 개인이 어떻게 서로 다른 특별한 존재가 되는지도 판단할 수 있답니다. 매우 흥미롭고 중요한 문제라 할 수 있지요.

내가 옛날과 같은 사람임을 판단하는 가장 좋은 방법은 무엇일까요? 다음 보기에서 자신을 증명하는 가장 좋은 방법을 표시해보세요.

1. 부모님을 포함하여 태어날 때부터 나를 알던 사람에게 물어본다.
2. 나의 옛날 사진을 본다.
3. 나의 출생증명서를 찾아본다. (내 이름이 제대로 표시되었는지 확인한다.)
4. 내가 언제나 같은 몸을 가졌다는 사실을 떠올린다.

3보다는 2가 좀 더 그럴듯해 보이지만 2와 3 모두 그다지 믿을만한 방법 같진 않네요. 4에 대해서는 이미 논의했지요. 사실 우리가 계속 같은 몸을 가졌다는 것도 완전히 확실하진 않아요. 어떤 점에서 같다고 할지 알 수 없으니까요. 아마도 1을 고른 사람이 가장 많겠지요. 왜냐고요? 나를 아기 때부터 길러온 부모님이 내가 그때와 같은 사람이라고 인정한다면, 확실한 증거가 되지 않을까요? 이때 부모님의 증언은 어떤 종류의 증거일까요? 부모님이 인간인 나를 지각한 사항에 근거하므로 '외적' 증거이지요. 많은 경우 이러한 증거가 큰 가치를 지니는 것은 분명하지만, 다른 사람의 증언보다 나의 정체성을 더욱 확실히 증명하는 방법은 없을까요?

정치철학으로 유명한 영국의 철학자 존 로크(1632~1704)는 지식과 인격 동일성에 대한 사상으로도 널리 알려졌어요. 『인간의 이해에 관한 논문Essay Concerning Human Understanding』에서 로크는 우리 자신에 대한 인식이 인격 동일성의 가장 큰 증거라고 주장해요. 내가 나라는 사실을 가장 잘 보여주는 인식은 과연 무엇일까요?

다음 보기를 살펴보고 내가 나임을 증명하는 가장 강력한 증거를 골라보세요.

1. 사실을 아는 능력

2. 세상의 사물을 지각하는 능력

3. 말하는 능력

4. 기억하는 능력

만약 4를 골랐다면 존 로크와 생각이 같다는 뜻이에요. 로크는 우리에게 일어난 사건을 기억하는 능력이 곧 시간이 지나도 우리가 같은 사람임을 증명한다고 주장했어요. 우리의 몸은 항상 변하지만, 과거에 대한 우리의 기억은 언제나 같은 기억으로 남아 있으니까요. 로크에 따르면 행복한 일이건 슬픈 일이건 그저 일상적인 일이건, 우리에게 일어난 사건을 회상할 때마다 우리는 자신에게 내가 나라는 사실을 증명하는 셈이지요!

1. 기억 중에는 매우 생생한 기억도 있지만, 희미한 기억도 있어요. 어떤 사건에 대한 우리의 기억이 조금은 흐릿해졌다는 사실은 인격 동일성에 대한 로크의 이론을 반박할까요?

2. 부모님의 증언이 나의 동일성을 증명할 가장 좋은 방법이라고 생각했다면, 질문 #19를 한번 풀어보세요. 자신이 지각한다고 믿는 것을 실제로 지각하는지 의문을 품게 될 거예요.

"한정된 자원으로 만족스러운 삶을 살려면
먼저 자신을 제한하는 법을 배워라.
과감히 자기 자신이 되고, 자신이 아닌 것은
흔쾌히 버리는 법을 배워라.
자신만의 정체성을 신뢰해라."

프레데릭 아미엘 Frederic Amiel, 수필가, 철학자

우리에겐 자유의지가 있을까?

토머스 홉스 Thomas Hobbes

"우리의 의지는 자유롭지만, 그 자유에 한계가 있음을 압니다."

새뮤얼 존슨 Samuel Johnson, 작가, 사전편찬자

(우리는 한 학생의 생각을 엿듣고 있습니다.) '음, 이 책에 나오는 문제를 풀어봐야지. 여기 나오는 질문은 대부분 재밌었던 것 같아. 이제 몇 개밖에 남지 않았네. 토머스 홉스 아저씨의 질문을 살펴봐야겠어. '우리에겐 자유의지가 있는가?' 내겐 당연히 자유의지가 있지! 이 질문을 풀 수도 있고 다른 질문을 선택할 수도 있으니까. 이렇게 뻔한 문제가 뭐가 흥미롭다는 거지? 철학자들도 정말 멍청한 질문을 할 때가 있는 것 같아.'

얼핏 보기에 '우리에겐 자유의지가 있는가?'라는 질문의 답은 매우 쉬운 것 같아요. '그렇다'고 대답하면 되니까요. 우리는 대부분의 행동을 자유롭게 선택할 수 있기에 자유의지가 있다고 확고하게 믿고 있지요.

그렇다면 다른 가능성을 생각해볼까요? 다음의 행동을 여러분의 자유의지로 할 수 있을지 '참' 또는 '거짓'으로 대답해보세요.

1. 공정하고 정의로운 사람이 되는 것

2. 좋은 친구가 되는 것

3. 학교에서 열심히 공부하는 것

4. 필요할 때 거짓말을 하는 것

5. 시험에서 부정행위를 하는 것

6. 논쟁하다가 싸움을 일으키는 것

7. 세계 최고의 부자가 되는 것

8. 역사상 가장 뛰어난 운동선수가 되는 것

9 우주를 지배하는 것

이 아홉 개의 예에는 어떤 규칙이 있네요. 처음 세 가지 예 1, 2, 3은 도덕적으로 칭찬받을만한 좋은 선택이지요. 다음의 4, 5, 6 세 가지는 도덕적으로 비난받아야 할 나쁜 선택이고요. 마지막 세 가지 7, 8, 9는 가능하지만 비현실적이라 할 수 있어요.

여러분은 4~6 같은 행동은 하고 싶지 않겠지요. 이런 행동을 하다가 발각되면 벌을 받을지도 모르니까요. 마찬가지로 7~9 또한 그다지 내키지 않을 거예요. 우리 대부분에겐 비현실적인 목표일 테니까요. 하지만 중요한 점은 여러분이 원하기만 하면 아홉 가지를 모두 할 수 있다는 것이지요. 그런 점에서 여러분에게는 언제나 자유의지가 있는 것 같아요. 마찬가지로 하지 않기로 선택할 자유도 있어요. 어쨌든 그러한 선택을 할 수 있는 의지가 있다는 뜻이죠.

이 장의 질문에는 쉽게 답할 수 있을 것 같지만, 일단 이 주제에 대한 철학자의 얘기를 들어볼까요? 토머스 홉스(1599~1679)는 근대 정치철학에서 매우 중요한 인물이에요. 홉스는 인간의 본성에 대해서도 확고한 견해를 갖고 있었어요. 그의 이론 중 하나는 일반적으로 '자유의지'의 개념으로 이해되는 '의지'란 것은 전혀 존재하지 않는다는 것이지요. 우리가 어떤 행동을 하기로 선택할 때 우리의 '의지'가 행동을 유발하는 경우는 거의 없다는 뜻이에요.

예를 들어 내가 이 책에 나오는 질문을 풀어야 할지 고민한다고 합시다. 나는 문제를 풀어야 할지 아니면 다른 일을 할지 신중히 생각해요. 결정을 내리기 전에 나는 문제를 풀거나 다른 일을 할 수 있다고 믿었어요. 그러나 홉스는 내가 실제로 어떤 행동을 할 '의지'를 가지고 있어도, 다른 행동이 아닌 이 행동을 하는 원인은 따로 있다고 말해요. 이 경우에는 내가 선택할 수 있는 다른 행동보다 이 책 속의 질문에 더 궁금증을 갖는다는 것이지요. 홉스의 이야기로는 나의 궁금증이 문제를 풀도록 하는 원인이라는 거예요.

우리가 하는 행동에는 다양한 원인이 있지만, 우리는 그 존재를 의식하지 못할 때가 많아요. 우리의 정신과 몸이 어떻게 작동하는지 완전히 이해하면, 우리가 어떤 행동을 선택할지 언제나 예측할 수 있지요. 그래서 홉스는 자유의지 같은 건 없다는 결론을 내렸어요. 인간은 매우 복잡하긴 해도 하나의 유기체일 뿐이니까요. 비록 우리 자신은 우리의 선택이 자유롭다고 믿지만, 사실은 별생각 없이 미리 예정된 선택을 한다는 것이죠. 그러니 홉스라면 이 질문에 '우리에겐 자유의지가 없다.'라고 대답하겠지요. 의지 같은 것이 실제로 존재하지 않는다는 이유로요. 의지란 철학적으로 상상해낸 개념에 불과하다는 말이에요.

"자유를 누리고 싶다면,
먼저 우리 자신을 통제해야 한다."

버지니아 울프 Virginia Woolf, 작가

1. 자유의지에 대한 홉스의 생각이 옳다면, 다른 사람의 행동을 칭찬하거나 비난하는 것이 의미가 있을까요? 우리가 하는 모든 행동에 다른 원인이 있다면, 우리는 여전히 자신의 행동에 책임을 져야 할까요?

2. 1번과 관련된 질문이에요. 만약 인간의 모든 행동이 어떤 원인에 의해 결정된다면, 행동의 대가로 사람을 처벌하는 것이 공정한 일일까요? 이 경우에도 사회가 특정 행동을 한 사람을 처벌해야 한다면 그 이유는 무엇일까요?

3. 홉스는 자유의지가 환상에 불과하다고 주장했어요. 홉스보다 훨씬 전에 살았던 한 철학자 또한 자유의지가 환상임을 암시하는 이론을 내놓았답니다. (질문 #22 참조)

모든 사물은 서로 의존할까?

게오르크 헤겔 Georg Hegel

우리는 존재해요. 그것만은 확실하지요. (하지만 철학자들은 그 무엇도 당연하게 받아들이는 법이 없답니다. 질문 #13을 보면 알 수 있지요.) 그런데 우리가 계속 존재하려면 우리 자신 외의 다른 존재가 필요한가요? 그래요. (먹을 것과 입을 것을 제공하는) 자연이 필요하고, (친구, 선생님 등) 다른 사람도 필요하지요. 그렇다면 내가 나 자신이 되기 위해서는 얼마나 많은 '다른 존재'가 필요할까요? 내가 온전히 나 자신이 되려면 우주 전체를 고려해야 할까요? 세상의 존재는 모두 다른 존재에 의존하고 있을까요?

다소 오만하고도 엉뚱한 생각 같네요. 다음 질문을 보고 모든 것이 다른 것들에 의존한다는 이론이 이치에 맞는지 한번 생각해보세요. 모두 우리 자신에 대한 질문입니다! '네' 또는 '아니오'로 답하세요.

1. 나의 부모님이 다른 사람이면 나는 다른 사람이 되었을까?

2. 나의 생일이 지금과 달랐다면 나는 다른 사람이 되었을까?

3. 내가 다른 나라에서 태어났다면 나는 다른 사람이 되었을까?

4. 우리나라의 역사가 지금과 달랐다면 나는 다른 사람이 되었을까?

5. 지구의 자연이 지금과 달랐다면 나는 다른 사람이 되었을까?

6. 태양계의 구성이 지금과 달랐다면 나는 다른 사람이 되었을까?

7. 우주의 구조가 지금과 달랐다면 나는 다른 사람이 되었을까?

만약 위의 일곱 개 질문에 모두 '네'라고 대답했다면, 여러분은 개인인 자신에 대해 독일 철학자 게오르크 헤겔(1770~1831)과 같은 방식으로 생각한다는 뜻이에요. 헤겔은 어느 특정한 인간이 아닌 모든 개별적 존재에 대해 생각한 것이지만요. 헤겔은 『논리의 과학^{Science of Logic}』이라는 저서에서 이것을 매우 길고 난해하게 설명했어요. 헤겔은 세계에 대한 폭넓은 지식으로, 그 지식을 체계적이고 일관성 있게 통합하는데 뛰어난 철학자였답니다.

우주의 모든 존재는, 나머지 존재와의 관계가 지금과 달랐다면 다른 존재가 되었을까요? 답이 '그렇다.'라면 '모든 존재는 서로 의존한다.'라는 말이 옳다는 뜻이지요. 사물을 그 자체로만 이해할 수 있는 사물은 아무것도 없답니다. 모든 존재는 다른 존재와의 관계에서 이해되어야 하지요.

1. 인간의 능력으로 세상에 존재하는 모든 사물에 대해 알기란 불가능해요. 이 사실은 모든 사물이 서로 의존한다는 헤겔의 주장을 반박하는 것일까요? (쉬운 문제는 아니에요. 대답하기 전에 충분히 생각해보세요. 위 연습문제에 담긴 규칙에서 실마리를 찾을 수도 있답니다.)

2. 질문 #12에서 아리스토텔레스는 명제와 세상의 진리 사이에 상관관계가 있어야만 진실이라고 주장했어요. 모든 것이 서로 관계가 있다고 주장하는 헤겔은 진실에 대한 아리스토텔레스의 이론을 어떻게 생각할까요?

도움이 될 만한 예를 한 가지 소개할게요. 아리스토텔레스는 '인간은 원래 다리가 두 개이다'는 명제가 옳다고 생각했어요. 왜냐하면 인간은 실제로 다리를 두 개 가지고 태어나니까요. 헤겔이라면 '인간은 원래 다리가 두 개다'라는 하나의 명제를 말한다면, 인간에 대해 완전한 진실을 말하는 것이라고 인정할까요?

"한 알의 모래에서 세계를 본다."

윌리엄 블레이크 William Blake, 시인, 화가

불가능한 것이 가능할 수 있을까?

지금 당장 연필이나 펜을 꺼내 다음 문제를 풀어보세요! 문장에 '네' 또는 '아니오'를 써 봅시다.

1. 내가 일흔다섯 살까지 사는 것은 가능한가?

2. 내가 부자가 되는 것은 가능한가?

3. 내가 유명해지는 것은 가능한가?

4. 내가 부자이면서 유명해지는 것은 가능한가?

5. 내가 노벨 문학상을 타는 것은 가능한가?

6. 3+2가 6이 되는 것은 가능한가?

7. 내가 이 책의 페이지를 넘기는 순간 우주가 사라지는 것은 가능한가?

8. 공 전체가 녹색인 동시에 빨간색이 되는 것은 가능한가?

9. 참인 동시에 거짓인 문장은 가능한가?

여러분이 마이클 조던Michael Jordan이나 알베르트 아인슈타인Albert Einstein, 줄리아 로버츠Julia Roberts 같은 사람이 되는 것은 가능한가요? 물론이죠. 자신의 재능을 실현하기 위해 열심히 노력하는 사람은 무엇이든 될 수 있으니까요. 하지만 우리는 모두 절대 극복할 수 없는 한계를 가진 것도 사실입니다. 한계에 도전하는 것은 삶에서 가장 큰 모험 중 하나이고, 이러한 모험은 평생 계속되지요. 우리는 언제나 나이 혹은 이미 무엇을 성취했는가에 관계없이 내면에 숨은 잠재력을 실현하기 위해 노력할 수 있답니다.

인생에서 대단한 성취를 하는 것은 우리가 지녔을 가능성을 표현하는 거예요. 때때로 우리는 그럴 가능성이 '사실상' 가능하지 않아도 '이론상'으로는 가능하다고 말하지요. 그 차이는 무엇일까요?

여러분이 훌륭한 신체조건을 타고나지 못했다면 마이클 조던 같은 사람이 되기란 '사실상' 불가능할지도 몰라요. 그러나 '이론상'으로는 가능하답니다. 그 말은 마이클 조던처럼 되는 데 모순이 없다는 뜻이지요.

한 가지 소원을 이루어 줄 램프의 요정을 만나 당장 마이클 조던(또는 알베르트 아인슈타인이나 줄리아 로버츠 등) 같은 사람이 되게 해달라고 말하는 것도 가능해요. 그러나 그런 소원을 들어줄 램프의 요정을 기대하는 것은 현명하지 못하죠. 하지만 그렇게 놀라운 사건이 일어나는 것이 이론상 불가능하지는 않아요. 즉 불가능한 것(마이클 조던 같은 사람이 되는 것)이 이론상으로는 여전히 가능하답니다.

이제 이론상 가능한 것과 사실상 가능한 것 사이의 차이를 알았으니, 연습문제에 대한 답을 살펴볼까요?

문제 1. 건강을 잘 유지하면 그보다 더 오래 살 수도 있다.

문제 2~5. 그렇다. 열심히 노력하고 운도 따라주고 재능도 뛰어나다면.

문제 6. 10진법이 아니라면 가능할 수도 있다. (3+2가 5가 되지 않는 다른 이상한 이유는 질문 #13을 참조하세요.)

문제 7. 과연 가능한 일일까? 그렇다. 하지만 그런 일이 일어날 가능성은 그다지 높지 않다. (그래도 페이지를 넘길 때는 조심하세요!)

문제 8. 아니다. 공 하나가 어떻게 빨간색인 동시에 녹색이 될 수 있나?

문제 9. 절대 그렇지 않다! 이럴 가능성은 모순이어서 이론상으로도 불가능하다.

'모순'이란 반드시 거짓일 수밖에 없는 진술이에요. 예를 들어 누군가 '이 공은 빨간색인 동시에 빨간색이 아니다.'라고 말했다면 모순이지요. 공이 동시에 빨간색이면서 빨간색이 아니라는 주장은 거짓일 수밖에 없어요. 우리는 절대 모순은 경험할 수 없답니다. 모순된 상황이 존재하는 것은 이론상으로도 불가능하고요. 그러니 사실상 불가능한 것이 이론상 가능할 수는 있겠지만, 이론상 불가능한 것(즉 모순)은 그저 불가능할 뿐이지요.

이번 질문 '불가능한 것들이 가능할 수 있을까?'에 대한 답은 무엇일까요? 상황에 따라 달라요. 불가능한 것들이 사실상 가능하다면 답은 '네'가 됩니다. 그러나 불가능한 것들이 이론상 불가능하다면 답은 '아니오.'가 되지요.

이러한 불가능성을 연구하는 철학 분야를 '논리학'이라 불러요. 논리와 관련해 더 알고 싶다면 다음 페이지로 넘기세요. (하지만 조심하세요! 7번 문제를 기억한다면요.)

"당장 실천하지 않으면,
불가능한 기간은 길어진다."

미국 군대 표어

1. 우리는 '모든 것이 가능하다.'라는 말을 자주 접해요. 여러분은 이 명제에 대해 철학적으로 어떻게 생각하나요?

2. 철학자의 생각과 글에 모순이 있다면 철학자로서는 가장 치명적인 위기랍니다. 왜 그럴까요? (빨간색이면서 빨간색이 아닌 공에 대한 문제처럼, 모순에 대한 간단한 예를 들어보고 '그런 공이 과연 존재할 수 있을까?' 질문해보세요.)

3. 각각의 사람은 서로 다른 가능성을 가지고 있어요. 사람마다 성공할 수 있는 분야가 다르죠. 하지만 어떤 분야를 택하든 나는 언제나 나예요. 아니면 다른 사람이 될 수도 있을까요? 나는 내가 나라는 사실을 어떻게 알까요? 이 흥미로운 문제에 대해 철학적 안목을 갖고 싶다면 질문 #27을 참고하세요.

"독서는 그저 지식의 재료만을 제공할 뿐이다.
읽은 내용을 우리 것으로 만드는 것은
바로 생각이다."

존 로크 John Locke, 철학자

"생각한다는 것은 산다는 것"

키케로 Cicero, 웅변가, 수필가

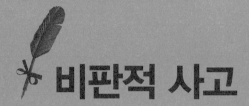

비판적 사고

인간은 생각해요. 그것도 거의 항상. 우리가 하는 생각은 대부분 옳지만 그렇지 못한 것도 있어요. 그리고 불행히도 우리는 올바른 사고가 가장 필요할 때, 옳게 생각하지 못하는 경우가 자주 있답니다!

올바른 사고를 연구하는 철학 분야를 '논리학logic'이라 불러요. 논리학은 '옳은 추론과 그른 추론을 연구하는 학문'이지요. 옳지 못한 추론을 분석해 그것이 옳지 않다는 것을 깨닫는 것은 매우 중요해요. 추론을 평가해 옳은 추론과 그른 추론을 가려내는 것을 보통 '비판적 사고'라 부르지요.

제4부에서는 올바른 추론의 의미를 이해하고 비판적 사고력을 키워줄 여러 질문을 배운답니다. 비판적인 사고는 일상의 실제적인 문제를 해결하는 것은 물론, 모든 종류의 학문에서도 꼭 필요하지요. 여러분의 관심거리가 무엇이며 생활 방식이 어떠하든, 여러분은 자신에게 닥친 문제와 그 해결책을 올바르게 생각하고 추론할 줄 알아야 해요. 제4부의 열 가지 질문은 훌륭한 사고력을 기르는 습관을 형성하는 데 큰 도움이 될 거예요.

생각하기란 쉬운 일이 아니에요. 그러나 (이 책 앞부분에서도 느꼈겠지만) 흥미롭고 즐겁기도 하지요. 지금부터 소개될 '논리적인' 질문을 즐겨보세요!

왜 말과 글은 중요할까?

우리가 말을 하고 글을 쓰는 이유는 다양해요. 가장 중요한 이유는 우리의 생각과 감정을 다른 사람에게 전달하기 위해서지요. 남들에게 이해받고 싶다면 우리의 생각을 가능한 한 명확하게 말이나 글로 표현할 수 있어야 해요. 명확하게 표현하는 능력을 기르려면 많은 연습이 필요하답니다.

말로 장난치거나 노는 것은 재미있지만, 언어는 우리가 원하지 않을 때 우리에게 장난을 치기도 해요. 다음 문장을 한번 보세요.

"우리는 자신의 친구에 대해 험담을 해서는 안 된다."

이 문장은 참일까요, 거짓일까요? 분명 대부분 사람은 참이라고 답하겠지요. 친구의 험담을 하는 것은, 그들에게 선의를 보이지 않는 것이고 선의는 우정의 정의에서 필수적인 요소이니까요. (질문 #2 참조) 아리스토텔레스도 이에 동의할 거예요. 우리가 만약 친구의 험담을 한다면 친구를 잃게 될지도 모르니까요.

그러나 '우리는 친구의 험담을 해서는 안 된다.'라는 문장은 말하는 사람의 생각과 말하는 방식에 따라 의미가 달라져요. 어느 단어를 강조하느냐에 따라 조금씩 다른 다섯 개의 문장이 되지요.

아래 문장을 굵은 글씨를 강조하여 큰 소리로 읽어보세요. 각 문장의 의미가 어떻게 달라지는지 생각해보고 차이를 간단히 적어보세요.

1. '우리는 자신의 **친구에 대해** 험담을 해서는 안 된다.'
2. '우리는 **자신의** 친구에 대해 험담을 해서는 안 된다.'
3. '우리는 자신의 친구에 대해 **험담을** 해서는 안 된다.'
4. '우리는 자신의 친구에 대해 험담을 **해서는 안 된다.**'
5. '**우리는** 자신의 친구에 대해 험담을 해서는 안 된다.'

이 예(어빙 M. 코피^{Irving M. Copi}와 칼 코헨^{Carl Cohen}의 『논리학 입문^{Introduction to Logic}』에서 가져옴)는 한 문장 안에서도 어떤 단어를 강조하느냐에 따라 의미가 쉽게 달라지는 것을 보여줍니다. 우리는 글을 쓸 때도 얼마든지 같은 실수를 할 수 있어요. 그러니 생각하고 말할 때는 물론이고 글을 쓸 때도 매우 신중해야 한답니다.

말하는 내용과 방식을 분명히 하지 않으면, 우리 자신과 다른 사람에게 혼동을 줄 수 있어요. '오류^{fallacy}', 즉 논리적 실수 또한 혼동을 주는 요인의 하나이지요. 명확하고 주의 깊게 말하고 생각하지 않으면 이런 실수를 흔히 저지른답니다. 몇 가지 일반적인 오류는 뒤에서 살펴볼 거에요. (질문 #33, #35, #36, #37) 이 질문들은 우리의 생각과 글에서 논리적 실수를 피하고, 다른 사람의 생각이나 글에서 실수를 찾아내는 데 도움이 된답니다.

"생각할 수 있는 것은 모두 명확히 생각할 수 있다.
말할 수 있는 것은 모두 분명히 말할 수 있다."

루트비히 비트겐슈타인 Ludwig Wittgenstein, 철학자

다른 사람의 이야기를 언제나 경청해야 할까?

"귀 기울여 들어야만 이해할 수 있다."

아프리카 속담

우리는 책을 읽고, 생각하고, 주위에서 일어나는 일을 관찰하고 다른 사람과 대화를 나누는 등 여러 방법을 통해 배워나갑니다. 소크라테스는 다른 사람에게 이야기하는 데 많은 시간을 보냈지만(질문 #1), 그들의 말을 듣는 데도 열심이었어요. 다른 사람에게서 많은 것을 배울 수 있다고 생각했으니까요. 소크라테스에게 배움이란, 다른 사람의 이야기를 경청하고 그것을 생각하는 것을 의미한답니다.

우리는 살아가면서 다른 사람의 의견을 많이 들어요. 여러분은 다음에 소개하는 이야기를 들어본 적이 있거나 언젠가 듣게 될 거예요. 다른 사람과 함께 있을 때 누군가 이렇게 말했다고 상상하고, 그 사람과 대화를 나누고 싶은지 대답해보세요. 계속 대화를 하고 싶다면 '네', 화제를 바꾸고 싶다면(마술을 부려 그런 말을 한 사람이 없는 곳으로 가고 싶은 때도 포함해서) '아니오'를 써보세요. (의견이 무작위로 배열된 것처럼 보일지 모르지만, 그 이면에는 어떤 규칙이 있답니다. 여러분이 규칙을 찾아 그 규칙이 어떤 의미가 있는지도 생각해보세요.)

1. 전학 온 애는 별로 좋은 친구가 아닌 것 같아.
2. 남자애들은 정말 멍청해!
3. 선생님이 매긴 글짓기 시험 점수는 불공평해!
4. 운동선수 중엔 축구 선수가 최고야.
5. 야구보다는 농구가 좋은 운동이야.
6. 역사보다는 수학이 쓸모 있지.
7. 클래식 음악은 지루해.
8. 신앙심이 깊은 사람과 같이 놀면 재미없어.
9. 공산주의는 나쁜 거야. 소련이 어떻게 됐는지 보라고.
10. 난 철학이 무척 재미있다고 생각해!

열 가지 의견을 다시 한 번 살펴보세요. 규칙을 발견했나요? 개인적인 주제에서 집단적인 주제로, 학교생활에서 보편적인 인간의 활동으로 이어지고 있네요. '최고의' 의견은 가장 나중에 등장하는 셈이에요. 바로 철학에 관한 의견이죠!

열 가지 의견 모두에 '네'라고 답했다면, 여러분은 개인적인 문제부터 예술이나 종교, 철학에 이르는 폭넓고 중요한 주제에까지 다양한 관심이 있는 것이죠. 하지만 '네'라는 답이 많지 않다고 해도 적어도 관심 있는 주제에 관해서는 이야기하고 싶을 거예요. 또는 그 주제에 대한 자료를 읽거나 관련 경험을 하고 싶을지도 모르지요. 비록 의견 대부분은 논란이 많거나 다소 어리석은 이야기들이지만요.

어쨌든 여러분이 이 의견들에 대한 대화에 참여한다면 무언가 배울 수 있을 테지요. 자신의 신념을 표시하고 생각을 전개하는 동안 스스로에 대해서도 배우게 된답니다.

"남의 말을 듣지 않는 병이
이렇게 나를 괴롭히는구나."

윌리엄 셰익스피어 William Shakespeare, 시인, 극작가

1. 여러분이 생각하는 가장 지루한 대상이나 활동을 다섯 가지만 들어보세요. 그리고 솔직히 답해보세요. 이런 활동이 지겹다고 생각하는 이유는 정확히 무엇인가요? 여러분은 그럴듯한 이유를 제시할 수 있나요, 아니면 그 활동에 대해 잘 알지 못하니까 그저 재미없다고 여기는 건가요?

2. 1번과 같이 지루한 활동 다섯 가지를 고른 다음, 친구의 것과 비교해보세요. 흥미가 없는 활동에 대한 이유를 각자 설명하고, 서로 오류를 찾아보세요. 훌륭한 비판적 사고를 연습할 수 있을 거예요.

사람을 비판해야할까,
의견을 비판해야할까?

다른 사람과 이야기를 나눌 때, 그 사람의 의견이 잘못되었거나 부적절한데다 모호하다고 느낄 때가 있어요. 그런 생각이 들면 그것을 지적해야 할까요? 만약 지적한다면, 어떻게 지적하는 것이 좋을까요?

다른 사람의 말을 듣거나 글을 읽고 토론을 할 때는 내용을 명확히 이해하고 전달하는 게 매우 중요해요. (질문 #31 참조) 그러나 다른 사람의 말이나 글을 정확히 이해하기는 쉽지 않지요. 나쁜 영향을 주는 말에 어떻게 반응해야 할지 난감할 때도 있고요.

다른 사람의 의견에 대한 세 가지 반응을 소개할게요. 주의 깊게 읽고 아래의 연습문제에 답해보세요.

1. 메리: 요즘 영화들은 지나치게 폭력적이야.

   빌: 여자애들이 액션 영화에 대해 뭘 알기나 하겠어.

2. 아돌프: 정부의 형태로는 민주주의가 최고야.

  조지프: 네가 미국 국민이니까 그렇게 생각하는 거지.

3. 제니: 토마스 아퀴나스가 하느님의 존재를 어떻게 증명했는지 배웠어.

  매우 타당하다고 생각해.

  질: 아퀴나스는 가톨릭 신자였잖아? 나라면 그런 사람의 의견을 진지하

  게 받아들이진 않겠어.

이제 문제가 이어집니다. 아래 질문에 '네' 또는 '아니오'로 답하세요.

1. 메리가 여자아이라는 이유만으로, 영화가 너무 폭력적이라는 메리의 의

  견은 옳지 않은가요?

2. 민주주의가 최고의 정부 형태라는 아돌프의 생각은 그가 미국인이기 때

  문에 옳지 않은가요?

3. 아퀴나스가 가톨릭이라는 사실만으로, 신의 존재에 대한 아퀴나스의 증

  거가(그 증거가 무엇이든 간에) 거짓임이 증명되었나요?

  세 가지 질문에 모두 '아니오.'라고 답했다면, 여러분은 말한 사람
이 누구이든 관계없이 이 말을 객관적으로 판단한다는 뜻입니다. 어느
하나라도 '네'라고 답했다면, '인신공격'이라는 논리적 오류를 저지른
것이고요. 세 가지 예를 다시 살펴볼게요.

첫 번째 예에서 남자아이도 메리와 똑같은 주장을 할 수 있을까요? 물론이지요. 그러면 남자아이가 그 말을 한다는 이유만으로 그 주장이 옳다고 할 수 있나요? 물론 아니지요. 그러면 그 말을 한 사람이 남자든 여자든 관계없지 않을까요? 어떤 영화에 폭력 수위가 너무 높다는 말은 옳을 수도 있고 아닐 수도 있어요. 그러나 그 말의 진실 여부가 이야기한 사람의 성별에 따라 결정되는 것은 아니지요. 메리의 의견이 옳은지 그른지 판단하려면 메리가 아닌 문제의 영화를 살펴보아야 해요.

두 번째 예의 모든 미국인은 민주주의가 최고의 정부형태라고 믿어야만 할까요? 아니죠. 미국 국민이면서도 얼마든지 다른 형태의 정부가 더 낫다고 생각할 수 있어요.

철학자들은 3천 년 동안 최고의 정부 형태에 대해 논의해왔답니다. 오늘날 대부분 사람이 민주주의를 최고의 정부 형태로 생각하는 것은 사실이에요. 그러나 그 의견이 옳다면 민주주의 자체의 성격 때문이지요. 그 의견을 주장하는 사람이 민주주의 국가에서 살고 있기 때문만은 아니랍니다. 아돌프가 미국인이라는 사실은 최고의 정부 형태에 대한 아돌프의 의견과는 관계가 없어요.

세 번째 예는 처음 두 가지보다 좀 더 미묘해요. 질은 제니를 직접 공격하진 않아요. 질은 제니가 옳다고 생각하는 의견을 말한 사람인 아퀴나스의 특성을 지적하지요. 질은 아퀴나스가 가톨릭 신자이기 때문에 하느님의 존재에 대한 그의 주장을 제니가 받아들이지 말아야 한다고 생각해요.

그러나 하느님의 존재에 대한 아퀴나스의 증거(질문 #26 참조)가 타당한가는 아퀴나스의 종교적 신념에 좌우되는 문제가 아니에요. 만약 아퀴나스가 잘못된 추론을 했다면, 그가 가톨릭이라서가 아니라 철학자가 지녀야 할 능력에 문제가 있어서죠. 가톨릭 철학자와 가톨릭이 아닌 철학자는 똑같은 방식으로 추론하니까요. 아퀴나스의 증거가 설득력이 없다면, 문제는 증거 그 자체에 있지 그 증거를 생각해 낸 아퀴나스가 가톨릭이라는 사실 때문이 아니랍니다.

　여기서 배울 점은 만약 우리가 누군가의 말(또는 글)을 평가하고 싶다면, 그 내용에 집중해야지 그 말을 하는 주체에 집중해서는 안 된다는 거예요. 우리는 다른 사람과 이야기(또는 논쟁)를 할 때 상대방이 약점을 지닌 인간이라는 사실에 지나치게 신경을 쓰곤 해요. 그러나 비판적 사고를 할 때는 말하는 주체와 그 말의 내용을 반드시 분리해야 해요. 그렇게 해야만 우리는 토론에 참가한 사람에게 부적절한 말 대신 문제의 옳고 그름과 가치를 제대로 평가할 수 있으니까요. 즉 철학에서는 사람이 아닌 의견과 입장을 평가해야 한답니다.

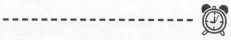

1. 논리적 오류 중에서 인신공격의 오류는 얼마나 자주 발생할까요? 여러분도 이런 오류에 빠진 적이 있나요? 만약 그랬다면 상황을 재현해 이번에는 상대방의 입장을 논리적으로 비판해보세요.

2. 훌륭한 추론을 하고 싶다면 논리적 오류를 피해야 해요. 하지만 일반적인 상황에서는 인신공격이 때로는 효과적인 전략이 되기도 한답니다. 상대방이 말한 내용보다 상대방에 대한 공격이 정당화될 때를 생각해보세요.

"나는 조건 없는 칭찬일 때에만 비평을 사랑한다."

노엘 카워드 Noel Coward, 극작가

'왜냐면'이라는 말은 왜 중요할까?

> "신들은 인간에게 이성이라는
> 최고의 선물을 선사했다."
>
> 소포클레스 Sophocles, 시인, 극작가

"왜냐면 원래 그러니까!" 여러분은 누군가(부모님이나 선생님)가 어떤 질문에 '왜냐면 원래 그러니까.'라고 대답하는 것을 들어본 적이 있나요? 이 말이 질문에 대한 올바른 답이 되었나요? 사실 '왜냐면 원래 그러니까'는 더 질문을 못 하도록 입을 막겠다고 하는 말일 뿐, 어떤 질문에도 만족스러운 답변이 되기 어렵지요.

왜 우리는 어떤 질문에 '왜냐면 원래 그러니까' 같은 대답을 하는 걸까요? 아마도 대답하기 귀찮거나, 질문에 관심이 없거나, 그 질문을 하는 사람에게 짜증이 났기 때문이겠지요. 상황에 따라 여러 가지 설명이

가능합니다.

우리가 질문에 대해 진지하다면, 대답도 진지해야겠지요. 다음 연습 문제는 모두 한 번쯤은 생각해보았을 주제랍니다.

존이 메리에게: "나는 똑똑한 사람이야!"
메리가 존에게: "그걸 어떻게 아니?"

존이 (또는 다른 사람 아무나) 자신의 총명함을 증명하려고 다음 이유를 말했다고 상상해보세요. 각 이유가 존의 주장을 얼마나 잘 뒷받침하는지 점수를 매겨 봅시다. 다음 기준에 따라 1~4점으로 평가하세요.

1점_훌륭한 생각이야!
2점_적절한 이유 같아.
3점_그게 정말 이치에 맞는다고 생각해?
4점_이런, 말도 안 돼!

1. 왜냐면 나는 인간이니까.
2. 왜냐면 나는 영리하니까.
3. 왜냐면 나는 책 읽기를 좋아하니까.
4. 왜냐면 우리 부모님이 똑똑하시니까.
5. 왜냐면 나는 언제나 똑똑했으니까.

6. 왜냐면 나는 언어 구사력이 뛰어나니까.

7. 왜냐면 나는 반에서 성적이 가장 좋으니까.

8. 왜냐면 나는 시험을 잘 보니까.

9. 왜냐면 나랑 친한 친구들은 모두 똑똑하니까.

10. 왜냐면 나는 이 책에 나오는 연습문제 푸는 게 좋으니까.

11. 왜냐면 나는 학교에서 배우는 모든 과목이 재미있으니까.

12. 왜냐면 나는 잘하는 게 많으니까.

"나의 무릎은 굽힐 수 있어도
이성은 굽힐 수 없다."

미셸 드 몽테뉴 Michel de Montaigne, 수필가

- -

1. 친구와 함께 위의 점수를 매겨보고 결과를 비교해보세요. 그런 점수를 준 이유를 서로 말해보고, 상대방의 의견을 비판적으로 평가해보세요.

2. 총명함을 잘 설명한다고 생각해 1점을 준 항목이 있다면 그 근거는 무엇 인가요? 만약 적절한 이유가 없다면, 여러 이유를 결합하여 좀 더 타당한 이유로 만들 수 있을까요? 여러 이유를 결합한다면 1점을 줄 가치가 있 을까요?

3. 이 연습문제는 우리가 무언가를 설명하려고(특히 총명함처럼 복잡한 개념을 설명할 때) '왜냐면'이라고 말할 때마다, 적절한 설명이 어렵고 복잡하다는 사실을 보여줍니다.

4. 이 연습문제에 제시된 열두 가지 이유는 '어떤 명제가 참이라는 사실을 어떻게 알 수 있는가?'의 답으로 제시되었어요. 안다는 것은 일반적으로 무엇을 뜻할까요? 질문 #16을 참고하세요.

사건의 원인을 밝히기는 쉬울까?

"네놈이 한 짓이라는 걸 알아."

"어떻게 알아?"

"네가 현장에 있었잖아!"

TV에서 추리극을 볼 때 위와 같은 대화가 등장한다면 이에 대해 어떻게 평가하나요? 별로 좋은 추론은 아니죠? 이유는 간단해요. 어떤 사건이 일어나기 전에 그 장소에 있었다는 이유만으로, 그가 사건의 범인이라고 확신할 수는 없기 때문이지요.

하지만 안타깝게도 우리는 많은 상황에서 이런 식으로 사고한답니다. 다음의 문장을 읽고 모두에 공통으로 적용되는 규칙을 찾아보세요.

1. 올해 성적이 떨어졌다. 내년에는 점수를 잘 주는 선생님을 만났으면 좋

겠다.

2. 메리가 감기에 걸렸다. 옷을 따뜻하게 입지 않아서다.

3. 남자가 빚진 돈을 빳빳한 새 지폐로 갚았다. 조금 전 뉴스에 나온 은행 강도가 틀림없다!

4. 사형제도가 폐지되어 범죄율이 크게 올랐다.

5. 정부가 공교육을 활성화한 이후 우리나라의 문맹률은 최대로 높아졌다.

6. 실험은 성공하지 못했다. 화학물질을 적절한 비율로 섞지 않은 것이 분명하다.

7. 윌리엄은 친구를 잘 사귀지 못한다. 분명 그의 가정생활이 행복하지 못해서일 거다.

8. 우리 팀이 졌다. 감독이 작전을 잘못 짰기 때문이다!

9. 진이 선거에서 패배했다. 선거 광고에 돈을 충분히 쓰지 않아서다.

이들 예의 공통점은 'X가 Y의 원인'이라는 구조이지요. 한 사건과 다른 사건 사이에 인과관계가 있다는 뜻이에요. 하지만 각 사례에 나타난 증거가 그 결과를 적절하게 설명하나요? 적절하지 않다면, 화자는 '잘못된 인과관계'의 오류를 범한 것입니다.

예를 들어 1번의 경우, 이번 학기에 성적이 떨어진 이유가 까다롭고 점수를 깐깐하게 주는 선생님을 만났기 때문일 수도 있겠지요. 하지만 TV를 보거나 컴퓨터 게임을 하는 데 시간을 너무 많이 보냈기 때문일 수도 있어요. 이외에 다른 이유도 얼마든지 있지요. 그러니 성적이 떨어진 원인을 설명하고 싶다면 성급하게 결론을 내리기 전에 다른 가능성도 충분히 검토해야 합니다.

무언가가 다른 것의 '원인'이라고 말할 때 우리는 두 가지 사건을 서로 관련지어요. 이러한 상관관계가 의문의 여지없이 명백할 때도 있지요. 40℃에 가까운 날씨에 밖에서 바삐 걸어 다녔다면, 우리가 흘리는 땀은 높은 온도에 대한 몸의 반응이라고 말할 수 있겠지요. 하지만 여러분이 갑자기 긴장감을 느낀다면, 이 감정의 '원인'을 판단하기가 언제나 쉬운 것은 아닙니다.

'원인'이라는 개념의 중요성과 복잡성을 이해하는 것은 매우 중요해요. 하지만 일상생활에서 어떤 일의 원인이 무엇인지 깊이 생각할 여유가 별로 없어요. 원인과 결과를 정확히 따지지 않는다고 손해가 되거나 목표달성에 방해가 되는 것은 아니니까요. 그래도 두 사건이 분명한 관계가 있다고 확신할 수 없는 한, 어떤 사건이 다른 사건의 원인이라고 말할 때는 신중해야 합니다. 전혀 관계가 없는 사건 사이에 인과관계가 있다고 주장하는 일만은 반드시 피해야겠지요!

1. '잘못된 인과관계의 오류'를 설명하는 위의 예들은 교육, 정부, 스포츠, 과
   학, 종교, 일상생활 등 여러 분야를 포괄하고 있어요. 이들 중 올바른 원인
   을 정확하게 밝히기가 가장 쉬운 분야는 무엇일까요?

   다음에 제시된 여섯 가지 분야에 점수를 매겨보세요. 인과관계를 가
   장 쉽게 밝힐 수 있는 분야를 1로, 가장 밝히기 어려운 분야를 6으로,
   나머지를 그 사이의 번호로 표시하세요.

   과학

   종교

   철학

   정치

   <u>스포츠</u>

   일상생활

2. 여러분이 위와 같이 순위를 매긴 이유는 무엇인가요? 왜 어떤 분야는
   다른 분야보다 인과관계를 확실히 파악하기 어려울까요?

   이 문제에 답하려면 '인과관계^{casuality}'의 개념을 잘 생각해보아야
   해요. 수많은 철학자가 이 개념을 분석하고 설명하려 했지요. 그중 인
   과관계에 대한 가장 흥미롭고 까다로운 논점과 그것을 과학 법칙에 적

용하는 방법은 질문 #15를 참고하세요.

3. 만약 여러분이 이 연습 문제를 얼마나 잘 이해했는지 알고 싶다면, 주어진 아홉 개의 예 중 몇 개를 골라 원인을 밝히고 평가해보세요. 원인이 무엇인지 잘 알 수 없다면 그 이유를 설명해보세요. 비판적 사고가 얼마나 흥미롭고 유익한지 알게 될 거예요!

"누군가는 체스를 즐기고,
누군가는 카드놀이를 즐기고,
누군가는 주식 거래를 즐긴다.
나는 인과관계를 밝히는 놀이가 더 재미있다."

랠프 월도 에머슨 Ralph Waldo Emerson, 수필가, 시인

많은 사람이 진실이라고 믿는다면, 그것은 진실일까?

"우리는 모두 얼마간 의견의 노예이다."

윌리엄 해즐릿 William Hazlitt, 수필가, 화가

"지구는 평평해. 누구나 다 아는 사실이야!"

만약 1450년 이전에 유럽에서 누군가 이런 말을 했다면, 거의 모든 사람이 동의했을 거예요. 옛날에는 정말로 지구가 평평했던 걸까요, 아니면 대부분 사람이 그렇게 믿었을 뿐일까요?

오늘날 우리는 지구가 평평한 것이 아니라 구형이라는 사실을 알아요. '지구가 평평하다'고 주장하는 사람이 있으면, 다들 이상한 눈으로 쳐다보겠지요. 농담이거나 사람의 관심을 끌려고 하는 말이라 생각할지도 몰라요. 물론 1450년에도 지금처럼 지구는 구형이었어요. 당시 모든 사람이 지구가 평평하다고 믿었다는 사실은 지구의 실제 형태에

대해 아무것도 설명하지 못하는 셈이죠.

많은 사람이 진실이라고 믿는다고 반드시 진실이 되는 것은 아니에요. 오늘날 대부분 사람은 지구가 구형이라고 믿어요. 그러나 '지구는 구형이다'는 전제가 진실인 것은 대부분 사람이 진실이라고 믿기 때문이 아니라, 지구가 실제로 구형인데다가 관찰한 결과 그렇게 판명이 났기 때문이지요. 사람들이 이 사실을 믿는지 아닌지는 그 진실 여부와 관계가 없어요. (진실에 대한 다른 이론이 궁금하다면 질문 #12를 참조하세요.)

많은 사람이 진실이라고 믿는다는 이유만으로 무언가가 진실이라는 결론을 낸다면 논리적 오류가 생겨요. 진실이라고 받아들이는 데에는 사람마다 차이가 있기 때문이지요. 다음 문장에 대해 얼마나 많은 사람이 진실이라고 믿을까요? '모든 사람', '많은 사람', '몇몇 사람', '아무도 믿지 않는다.' 중의 하나를 적어보세요.

1. 마이클 조던은 역사상 최고의 농구선수이다.

2. 화성에는 한때 인간과 비슷한 생명체가 존재했다.

3. 남자들은 감정을 잘 드러내지 않는다.

4. 흡연은 해도 된다.

5. 무엇이든 열심히 연습하면 완벽하게 할 수 있다.

6. 선이 악을 이긴다.

7. 사후에도 삶은 존재한다.

8. 하느님은 존재한다.

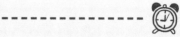

1. 위 여덟 가지 의견에 대한 여러분의 답은 의견마다 다를 거예요. 왜일까요? 답은 의견의 내용에 따라 다른가요, 아니면 그 의견에 대한 다른 사람의 반응에 따라 다른가요? 친구들의 답과 서로 비교해보세요.

2. 어떤 의견을 진실이라고 믿으면 그 의견은 정말로 진실이 되나요? 예를 들어 지구에 사는 모든 사람이 화성에 생명이 존재한 적이 있다고 믿는다고 칩시다. 이러한 많은 사람의 믿음이 화성에 생명체를 존재하게 하나요? 물론 그렇지 않겠죠. 그러면 지구에 사는 모든 사람이 '무엇이든 열심히 연습하면 완벽하게 할 수 있다'고 믿는다면 어떨까요? 이 경우 실제로 누가 무엇을 하든 연습만 열심히 하면 완벽하게 할 수 있을까요?

3. 믿음과 지식의 차이에 대해 알고 싶다면 인식론에 관한 질문 #16을 참고하세요.

"의견은 결국 지성이 아닌 감정에 의해 결정된다."

허버트 스펜서 Herbert Spencer, 철학자

악을 악으로 갚는 것은 정당할까?

때때로 우리는 하지 말아야 할 행동을 해요. 그런 행동을 하다가 들키기도 하지요. 특히 부모님이나 선생님에게 발각되었을 때는 당연히 자신을 방어하려 애를 써요.

이럴 때 방어를 잘하려면 머리를 굴려야 한답니다. 어떻게 하면 자기 행동을 정당화할 수 있을지 빨리 생각해내야 하니까요. 하지만 부적절한 행동을 들키면 변명거리가 잘 떠오르지 않아요. 당황하여 침착하게 생각하기가 어렵죠. 이렇게 곤란한 상황에서 벗어나려면 어떻게 해야 할까요?

다음과 같은 상황을 생각해보세요. 존은 시험을 보고 있어요. 그런데 교실 건너편에서 빌이 커닝을 하는 모습을 보고 맙니다. (빌은 메리의 답안지를 훔쳐보고 있습니다) 존은 속으로 생각해요. '빌도 커닝을 하는데 나라고 못할 것 있겠어?' 그런데 존은 커닝하다가 선생님에게 들키고 말아요. 선생님은 시험이 끝나면 벌 받을 각오를 하라고 이야기합니다. 존은 선생님께 항변하지요.

"왜 저만 벌을 받아야 하죠? 빌도 커닝을 했다고요!"

여러분도 존과 같이 자신을 방어하려 한 적이 있나요? 시험에서 커닝을 한 적은 없다고 해도, 해서는 안 될 행동을 해놓고 다른 사람도 그렇게 했다는 사실을 지적하며 상황을 모면하려 한 적이 있나요? 이러한 방법이 효과가 있었나요?

위의 상황과 비슷한 몇 가지 예를 들어 생각해볼게요. 각 사례를 자세히 읽고, 최대한 솔직하게 '네' 또는 '아니오'로 답하세요.

(다섯 가지 사례에는 어떤 규칙이 있어요. 규칙을 찾아보고, 그 규칙이 무엇을 의미하는지 생각해보세요.)

1. 누가 나에게 모욕을 주면 나도 상대방에게 모욕을 주어도 된다.
2. 누가 화를 내면서 나를 때리면 나도 화를 내며 그를 때려도 괜찮다.
3. 누가 내 물건을 훔쳐 가면 나도 그 사람의 물건을 훔쳐도 된다.
4. 일부 어른이 정부에 소득을 허위로 신고한다면 나도 어른이 되어 소득을 허위로 신고해도 괜찮다.
5. 한 나라가 다른 나라의 국가기밀을 빼낸다면 그 나라도 상대국의 기밀을 훔쳐도 된다.

'악을 악으로 갚는다고 선이 되지는 않는다'는 잘 알려진 원칙이지요. 누군가에게 나쁜 짓을 당한 사람이 비슷한 행동으로 되돌려 주는 경우를 비판하는 말이에요. 그렇다면 이 원칙은 언제나 진실일까요? 악을 악으로 갚는 것이 선이 되는 경우도 있지 않을까요?

"악은 시작된 곳에서 끝나는 것이 아니라,
계속 이어지면서 새로운 악을 낳는다."

새뮤얼 대니얼 Samuel Daniel, 시인, 역사학자

생각 더하기

1. 위 1번과 2번 문제에는 쉽게 '아니오.'라고 답할 수 있겠지요. 하지만 실제로 그렇게 행동하기 쉬울까요? 누군가 화를 내며 우리를 모욕하거나 때리면, 똑같이 되돌려주고 싶은 마음이 당연하잖아요. 하지만 당한 대로 되돌려준다고 해서 그것이 옳은 행동일까요? 화를 내며 누군가를 모욕하거나 때리는 것이 옳지 못하다면, 그런 행동을 한 사람에게 똑같이 하는 것은 과연 옳을까요? 분명 답은 '아니오'입니다.

2. 세 번째 사례에서 우리는 무언가를 훔치기로 결심해야 해요. 그러나 도둑질이 잘못된 행동이라면, 우리의 물건을 훔쳐간 사람의 물건을 훔치는 행동은 옳을까요? 도둑질은 결국 도둑질일 뿐 그 이유는 중요치 않답니다. 그러니 누군가 우리 물건을 훔쳐갔다고 해서 우리도 그 사람의 물건을 훔치는 것은 옳지 못한 행동이지요.

3. 네 번째 사례는 특히 잘 생각해보아야 해요. 세금을 낼 때 정부를 속이더라도 발각되지 않을 수 있겠지요. 그러나 많은 사람이 그렇게 행동한다고, 우리가 같은 행동을 하는 것이 정당할까요? 절대 그럴 수는 없답니다.

4. 다섯 번째 사례는 한 국가의 다른 국가에 대한 행동이에요. 이 경우 원

래의 도둑은 공식적으로 정부 기관의 승인을 받고 도둑질을 했다는 뜻이지요. 그러면 상대 정부가 한 행동의 정당성 여부를 결정할 때 이러한 사실이 문제가 될까요?

다섯 가지 사례는 감정적인 상황에서 이성적인 상황으로, 개인적인 일에서 정부 관계자의 결정과 관계된 국가적인 상황으로 이어집니다. 그러면 '악을 악으로 갚는다고 선이 되지는 않는다.'라는 원칙은 이들 사례에 모두 적용될까요? 예컨대 다섯 번째 사례에서 한 나라를 수호하는 데 국가 기밀이 매우 중요하다면, 이 원칙이 더 의미가 없다는 뜻이 아닐까요?

대답하기가 망설여진다면 '악을 악으로 갚는다고 선이 되지는 않는다'는 원칙이 언제나 옳은 것은 아니라는 뜻이겠지요! 이 원칙을 다섯 번째 사례에 적용할 수 있는지 없는지 생각해보세요. 이 원칙이 여기에 적용되지 않는다면, 앞의 사례에도 마찬가지로 적용되지 않을지도 모르지요.

이러한 예들을 하나하나 깊이 생각해보면 일반 원칙을 특정 사례에 적용하는 좋은 연습이 될 거예요. 바로 철학자들이 언제나 사용하는 절차이지요.(질문 #1 참조) 결국 '악을 악으로 갚는다고 선이 되지는 않는다'는 원칙은 많은 상황에 적용할 수 있지만, 모든 경우에 적용되는 건 아니겠지요?

"나는 거짓말을 하고 있다." 이 말은 진실일까 거짓일까?

이렇게 간단한 참/거짓 문제는 처음 보았을 거예요.

1. 달은 치즈로 만들어졌다.
2. 어떤 사과는 빨갛다.

위의 퀴즈에서 명제는 논리상 참 아니면 거짓이라는 사실을 알 수 있어요. 물론 참도 거짓도 아닌 명제도 있지요. 예컨대 '내일은 비가 올 것이다'를 생각해보세요. 엄밀히 말해 이 명제는 참인지 거짓인지 알 수 없어요. 미래에 대한 내용이고 지금으로서는 미래의 일을 알 수 없으니까요. 그러나 논리, 적어도 초급 수준의 논리는 명제 대부분이 참이나 거짓이라는 것을 전제로 한답니다. (혹시나 해서 말하는데 위 퀴즈에서 1번은 거짓, 2번은 참이에요.)

참과 거짓을 판별하기가 매우 곤란한 명제도 있어요. 물론 철학적
으로 큰 의미를 가지는 명제이지만요. '나는 거짓말을 하고 있다'는 명
제가 대표적이지요. 이 명제의 참/거짓을 판단해볼까요?

3. 나는 거짓말을 하고 있다.

만약 '나는 거짓말을 하고 있다'가 참이라면, 내가 거짓말을 하고
있다고 말한 것이므로 거짓말을 한다는 것이 거짓이 돼요. 만약 '나는
거짓말을 하고 있다'가 참이라면, 문장은 거짓이 되고, '나는 거짓말을
하고 있다'가 거짓이라면 문장은 참이 되지요.

대체 어찌 된 일일까요?

골치가 아프다고요? 그럴 필요 없어요. 우리는 방금 기원전 4세기
경 무명의 그리스 논리학자가 발견한 '거짓말쟁이의 역설'을 살펴보
았어요. '역설paradox'이란 알쏭달쏭하고 이해하기 어려운 것을 뜻하는
말이에요. 여기서 역설은 하나의 문장이 상반된 결론에 이른다는 뜻
이지요. 그러니 알쏭달쏭하고 이해하기 어려울 수밖에요.

논리학자 레이먼드 스멀리언Raymond Smullyan이 쓴 책의 제목을 생각해
보면 거짓말쟁이의 역설을 이해할 수 있어요. 『이 책의 제목은 무엇일
까요?What is the name of tihs book?』라는 제목의 이 책에는 수많은 논리 퍼즐과
수수께끼가 수록되어 있답니다.

이 제목과 '거짓말쟁이 역설'의 관계를 인상적으로 보여주는 짧은 대

화문을 소개할게요. 친구와 역할을 배정해 연기를 해도 좋겠죠. 다만 한 가지 소품을 준비해야 해요. 종이에 '이 책의 제목은 무엇일까요?'라는 문장을 인쇄하고, 책 표지(어떤 책이라도 괜찮습니다)에 붙이세요. 아니면 스멀리언 교수의 책을 직접 구해도 좋겠죠! (부록의 '추천 철학 도서'를 참고하세요.)

장소: 교실
등장인물: 이름을 알 수 없는 선생님, 버트런드(학생)

선생님: [학생들에게 표지가 보이도록 책을 높이 들고서] 여러분, 이 책의 제목은 무엇이죠?

버트런드: [손을 번쩍 든다.] 이 책의 제목은 무엇일까요?!

선생님: 그래요 버트런드, 선생님이 그걸 물었어요.

버트런드: 네 그게 답이에요!

선생님: 무슨 답 말이죠?

버트런드: 이 책의 제목은 무엇일까요?

선생님: 그건 선생님이 질문했잖아요!

버트런드: 그래서 제가 답했잖아요!!

선생님: 무슨 답이죠?

버트런드: 이 책의 제목은 무엇일까요?

선생님: 맞아요.

버트런드: 뭐가 맞다는 말씀이세요?

선생님: 이 책의 제목이 무엇이냐고요.

버트런드: 제가 방금 말씀드렸잖아요.

선생님: 뭘 말했다는 거죠?

버트런드: 그 질문에 대한 답이요.

선생님: 이 책의 제목이 무엇이냐고요?

버트런드: 맞아요!

선생님: [칠판 쪽을 돌아보면서 투덜거린다.] 맙소사, 학생들이 옛날보다 멍청해진 것 같아.

버트런드: [자리에 앉아서 투덜거린다.] 이런, 선생님들이 예전처럼 똑똑하시지 못한 거 같아.

- -

1. 이런 혼동은 왜 생겼을까요?

누군가 거짓말을 할 때 단어가 어떤 작용을 하는지 생각해보세요. 만약 내가 과자를 먹었으면서도 '나는 과자를 먹지 않았다.'라고 말한다면 거짓말을 하는 거예요. 이제 '나는 과자를 먹지 않았다.'라는 문장을 생각해보세요. 이 문장은 무엇을 가리키나요? 내가 하지 않았다고 말하는 대상은 바로 과자를 먹는 '행동' 이에요. 그러니 만약 우리가 거짓말을 한다면 특정 행동을 가리키는 문장을 사용하는 것이지요.

이제 '나는 거짓말을 하고 있다.'라는 문장을 생각해볼게요. 이 문장은 무엇을 지시하나요? 그렇죠! '나는 거짓말을 하고 있다.'라는 문장은 이 문장 자체를 지시하고 있어요! 그러나 '나는 병에 든 과자를 먹지 않았다.'라는 문장은 문장 자체가 아닌 다른 행동을 지시하지요. 역설은 바로 여기서 발생합니다. 이름 붙이기 좋아하는 철학자들은 '나는 거짓말을 하고 있다.' 같은 문장에도 이름을 붙였어요. 이러한 문장을 자기 자신을 가리킨다는 뜻으로 '자기 지시적' 문장이라고 불러요. 자기 지시적 문장에는 많은 예가 있어요. (대부분은 아주 우스꽝스러운 문장이지요.) 여러분도 이런 문장들을 한번 생각해보세요.

2. '거짓말쟁이의 역설'을 해결하는 방법의 하나는 문장의 '의미'와 '지시'의

차이를 구분하는 거예요. 즉 문장이 참인지 거짓인지 구분하려면 문장에서 지시하는 전제가 무엇인지 문장에서 전제의 의미가 무엇인지를 분명히 알아야 해요. 거짓말쟁이의 역설은 이러한 구분의 중요성을 아주 재미있게 보여주지요. 언어에 대한 연구는 현대 철학에서 매우 중요한 분야랍니다. 말하기는 인간이 하는 가장 흥미로운 활동이니까요!

3. '의미'와 '지시'의 구분은 철학에서 매우 중요해요. 거짓말쟁이의 역설만큼이나 역설적인 상황에 대한 논의는 질문 #11을 참조하세요.

4. 거짓말은 보통 다른 사람에게 하는 것이죠. 그런데 자기 자신에게도 거짓말을 할 수 있을까요? 이 흥미로운 문제에 대한 프랑스 철학자 장 폴 사르트르의 생각을 알고 싶다면 질문 #18을 참고하세요.

"거짓말을 할 줄 모르는 이들은
진실도 알지 못한다."

프리드리히 니체 Friedrich Nietzsche, 철학자

논리적이면서 말이 안 될 수 있을까?

"네 말은 전혀 논리적이지 않아!"

"무슨 소리야!"

어디서 많이 들어본 대화 같지 않나요? 여러분도 다른 사람을 논리적이지 않다고 나무란 적이 있거나, 자신이 논리적이지 못하다는 지적을 받은 적이 있겠죠?

자신이 논리적인 사람인지 한번 생각해보세요. 대부분은 그렇다고 말하겠지요. 하지만 자신이 논리적이라는 것은 어떻게 알죠? 논리적이라는 말은 과연 어떤 의미일까요? 여러분이 철학적으로 논리적인 사람이 맞는지 밝혀 줄 객관식 문제를 소개할게요.

1. 만약 A: '모든 말은 다리가 넷인 동물이다'가 참이고,

   B: '모든 다리가 넷인 동물은 발이 있다'도 참이라면,

명제 A와 B를 결합하는 경우 (즉 A와 B를 통해 추론하면) 다음 네 가지 명제 중 무엇에 해당할까요?

① 모든 동물은 말이다.

② 모든 동물은 다리가 넷이다.

③ 모든 말은 발이 있다.

④ 발이 있는 것은 다리가 넷이 아니다.

③을 골랐나요? 그렇다면 여러분은 논리적인 사람입니다. 명제 A와 B를 결합하면 논리적으로 명제 ③이 되니까요. 하지만 이 명제의 결합이 왜 그런 논리적 결과를 가져오는지 설명할 수 있나요? 이유를 설명할 수 없다면 여러분은 논리적 사고력을 더 길러야겠네요. 추론이 논리적인지는 판단할 수 있지만, 그 이유는 정확히 모르니까요. 다른 상황에서는 논리적인 판단을 못 할 수도 있잖아요!

다른 문제를 풀어볼까요? 이 문제는 왜 논리가 논리적인지 이해하는 데 도움이 될 거예요. (이 문제는 조금 까다로우니 주의 깊게 생각해야 답을 맞힐 수 있을 거예요.)

2. 만약 C: 모든 말은 영양*(염소 산양 따위의 짐승을 통틀어 이르는 말)이고

　　　 D: 모든 영양은 우습다면,

명제 C와 D를 통해 추론한 결과는 무엇일까요?

① 모든 영양은 집이다.

② 모든 말은 우습다.

③ 모든 우스운 말은 비싸다.

④ 말은 영양이 될 수 없고 영양은 우스울 수가 없다. 그러니 2번 문제 자체가 논리적이지 않다!

질문 #39는 '논리적이면서 말이 안 될 수 있는가?'라고 묻고 있어요. C와 D는 참인가요, 거짓인가요? 모든 말이 영양이라는 문장은 거짓이며(거짓일 뿐 아니라 말도 안 되는 소리입니다.) 모든 영양이 우습다는 문장도 역시 거짓이지요. (이 또한 말도 안 되는 이상한 소리죠.) 하지만 이 두 명제가 그 자체로는 말이 안 된다고 해도, C와 D가 결합하였을 때 어떤 논리적 결과가 생기는지가 중요합니다. 실제로 뭔가 논리적인 결과가 발생했네요. 그게 뭘까요?

2번 문제가 1번 문제와 다른 점은 무엇일까요? 1번 문제의 경우 '만약 ~가 참이라면'이라는 말이 나와요. 이 구절은 논리에서 중요해요. 왜 그럴까요?

2번 문제로 돌아가보세요. '모든 말은 영양이다'는 참이 아니며, '모든 영양은 우습다.' 역시 참이 아니에요. 하지만 (여기에 핵심이 있답니다) '모든 말은 영양이다'와 '모든 영양은 우습다'가 참이라면, 그다음엔 무슨 말이 올까요? '모든 말은 우습다'가 올 테지요. 그러니 2번 문제의 답으로 ②를 골랐다면 여러분은 분명 논리적이에요. 만약 ②를 선택하지 않았다면, 왜 ②가 답인지 이해했나요? C와 D가 참이라고 가정하면 C와 D를 결합하여 추론할 때 ②가 참일 수밖에 없지요. 이제는 질문 #39 "논리적이면서 말이 안 될 수 있을까?"의 답이 '네'라는 사실도 알 수 있겠네요. 실제로 논리적이면서 말이 안 되는 것은 얼마든지 있을 수 있답니다. '모든 말은 우습다.'라는 문장은 말이 안 되지만, 명제 C와 D를 참이라고 가정하면 이 문장 또한 참이라고 주장할 수 있지요.

이렇게 조금은 이상한 결론이 나는 이유는 무엇인가요? 왜 ②를 골랐는지 설명하지 못한다면 여러분은 아직 충분히 논리적이지 않다는 뜻이에요. 논리적 사고력을 더 길러야겠죠.

세 번째 객관식 문제를 소개합니다. (옳은 답에 동그라미로 표시해보세요.)

문제3. 명제 A−B와 C−D의 공통점은 무엇인가요?

① 공통점이 없다. A와 B는 동물, 말, 다리에 관한 내용이고, C와 D는 말, 영양, 우스움에 관한 내용이니까.

② A−B와 C−D 두 쌍의 명제는 형식적 구조가 같다.

③ 두 쌍의 명제 모두 지금 학교에서 배우고 있다.

④ 두 쌍 모두 철학자나 관심을 가질 명제들이다.

③과 ④는 사실 진지하게 정답으로 고려할만한 보기가 아니죠. 하지만 ①을 고른 친구는 있을지도 모르겠네요. 그렇다면 두 쌍의 명제의

형식을 다시 살펴보세요. 답이 ②라는 사실을 이해하게 될 거예요. 두 쌍의 명제는 실제로 형식적 구조가 같습니다. 이 두 쌍의 명제에서 주된 구성요소를 약자로 표현해봅시다.

문제 1

말 = a

다리가 넷인 동물 = b

발 = c

문제 2

말 = a

영양 = b

우습다 = c

그러면 첫 번째 추론은 이렇게 표시할 수 있겠지요.

모든 a는 b이다.

모든 b는 c이다.

그러므로 모든 a는 c이다.

두 번째 추론 또한 이렇게 표시됩니다.

모든 a는 b이다.

모든 b는 c이다.

그러므로 모든 a는 c이다.

알파벳 a, b, c의 배열은 이 두 가지 예에서 추론이 어떻게 이루어지는지 보여줍니다. 이 예들은 논리적 형식이 같아요. 각 류에 해당하는 사물을 정확히 같은 방식으로 연결하기 때문이지요. 예 2에 거짓이거나 터무니없는 명제가 포함되어 있더라도 추론에는 영향을 주지 않아요. 예 1이 논리적 추론이라면, 명제의 류가 예 1과 똑같은 방식으로 결합하여 있는 예 2의 경우도 논리적 추론이겠지요.

'류^{class}'는 '한 가지 이상의 특징을 공유하는 사물의 집단'으로 정의해요. 예컨대 '집'은 형태와 원자재가 매우 다양하지만, 사람이 사는 장소라면 모두 집으로 분류할 수 있지요.

추론할 때 우리는 머릿속에서 말, 집, 네 다리, 영양, 우스움 등 류를 구분합니다. 특정 류의 형식에 따라 추론을 하면 올바른 결론을 얻을 수 있답니다. '모든 말은 우습다.'라는 결론이 그 자체로는 말이 안 되지만, 집과 영양, 우스움을 연결하는 '논리적' 결론이라는 점은 분명하지요. 결국 논리적이면서도 전혀 말이 되지 않는 문장도 존재할 수 있어요.

1. 타당한 추론과 진실한 결론을 내는 추론 사이의 차이는 무엇인가요? (문제 1과 2의 명제들을 비교해보세요. 서로 어떻게 다른가요?)

2. 타당한 추론과 진실한 결론은 무엇이 더 중요한가요? (철학에서 진실을 말하는 것이 어떤 의미를 가지는지는 질문 #12를 참조하세요.)

3. 명제에서 류가 잘못 배열되거나 결합하여 타당하지 못한 추론으로 이어지는 경우를 생각해보세요.

4. 문제 1과 2는 각각 세 가지 명제를 포함합니다. 세 번째 명제는 모두 첫 번째와 두 번째 명제('전제'라고 부릅니다)에서 끌어낸 결론이에요. 추론하기 위해서는 반드시 두 가지 이상의 명제가 필요할까요?

"그게 그렇다면 아마도 그럴 걸,
그게 그랬다면 아마도 그랬을걸.
하지만 그건 그렇지 않으니 그렇지 않을 거야.
그게 바로 논리라고."

루이스 캐럴 Lewis Carroll, 작가, 논리학자

왜 용어를 정의하는 것이 중요할까?

> "나와 토론하고 싶다면,
> 먼저 당신의 용어부터 정의하시오."
>
> 볼테르 Voltaire, 작가, 철학자

우리는 모두 대화나 토론을 해보았어요. 그중에는 볼테르와 비슷한 발언을 한 사람이 있었을 거예요. 요구를 받은 사람이 복잡한 용어(복잡하지 않다면 그 의미가 논쟁거리가 되지도 않았겠죠.)를 적절하게 정의할 때까지 토론이 중단되곤 하지요. 우리에겐 정의가 필요하기 때문이에요!

철학에서는 '정의定義란 무엇인가?'라는 질문은 매우 큰 의미를 가진답니다. 우리는 용어를 여러 가지 방식으로 설명할 수 있으며, '정의'도 그 설명 방식의 일종이지요. 각 설명 방식의 차이를 이해하는 것은 매우 중요해요.

아래 두 개의 연습 문제를 풀어보세요. 첫 번째 문제는 매우 간단해요. 두 번째 문제에서 여러분은 정의에 대한 자신의 사고력을 증명할 수 있을 거예요.

빈칸에 각 정의에 해당하는 용어를 찾아 써넣으세요.

켄타우루스 ____ 열 ____ 자본주의 ____ 블랙홀 ____

1. 한없이 수축하여 극도로 높은 중력을 갖게 된 천체
2. 말의 몸과 인간의 머리를 가진 신화 속 괴물
3. 어떤 물체를 구성하는 분자의 불규칙한 움직임 때문에 생기는 에너지
4. 경제 분야에서의 자유

여러분은 위에 제시된 용어를 사전에서 찾아볼 수도 있어요. 그런 점에서 위의 정의는 모두 '사전적 정의'이지요. 하지만 네 개의 정의를 자세히 살펴보면 중요한 차이점을 발견할 수 있어요. 이러한 차이를 판단하는 데 사전은 그리 도움이 되지 않아요. 철학은 도움이 되지만요!

가장 자주 사용되는 정의의 네 가지 형태를 간단히 소개할게요.

약정적stipulative 정의: 용어를 새로운 방법이나 의미로 사용하겠다고 제안하는 것(예: '구골googol'이란 단어를 '100과 같은 크기의 숫자 10'으로 정의하는 경우).

사전적^{lexical} 정의: 이미 확립된 개념을 명확하게 하려고 사용하는 정의(예: '집'을 '한 명 이상의 사람, 특히 가족이 거주하는 건축물'로 정의하는 경우)

이론적^{theoretical} 정의: 과학이나 철학적 이론의 개념을 명확하게 하려고 사용하는 정의(예: '류'를 '어떤 사물의 집단이 공통으로 가진 특징이나 성격'으로 정의하는 경우).

설득적^{persuasive} 정의: 특정 용어가 정의 내용을 적절하게 대표한다고 듣는 사람을 설득하려고 제시하는 정의(예: '민주주의'를 '국민에 의해 통치되는 가장 자유로운 정부 형태'로 정의하는 경우)

자, 이제 진짜 철학 연습을 해볼까요! 위의 1~4에 주어진 정의는 어떤 유형의 정의에 해당하는지 생각해보고, 아래에 숫자를 써넣으세요. 올바른 답을 찾을 수 있다면 여러분은 정의의 여러 유형과 그 예를 제대로 이해했다는 뜻이겠죠.

약정적 정의   _____

사전적 정의   _____

이론적 정의   _____

설득하는 정의   _____

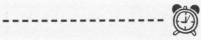

1. 정의의 유형을 구분하기는 절대 쉽지 않아요. 그러나 용어가 어떻게 정의 되었는지 제대로 밝히면, 논쟁에서 이런 용어가 어떻게 사용되는지 비판 적으로 생각할 수 있답니다.

2. 정의에 관한 한 사전을 찾는 게 최선이라고 생각할 수 있어요. 실제로 어떤 단어에 대해 논쟁이 생기면 '사전이나 찾아봐!'라고 자주 말하기도 하지요. 그렇다면 사전은 '정의正義'나 '시간' 같은 개념에 대해 어떤 정의定義 를 제시할까요? 이러한 정의가 철학적 의견 차이를 없애는 데 도움이 될 까요? 사전은 매우 유용한 물건이지만 특정 유형의 개념 정의에서는 한 계가 있습니다. 이런 한계에 다다르면 철학자만이 도움을 줄 수 있지요!

> "올바르게 분류하고 정의할 수 있는 이들은
> 나에겐 신과 같습니다."

> 랠프 월도 에머슨 Ralph Waldo Emerson, 수필가, 시인

마지막으로 생각 더하기

　이제 이 책도 막바지에 이르렀네요. 마지막 장에서는 용어를 정의하는 중요한 주제에 대해 살펴보았어요. 사실 이 책 제4부의 '비판적 사고' 부분에 수록된 모든 질문은 철학뿐 아니라 다른 사람과 토론을 하거나 책에서 읽는 내용을 이해하는 데도 큰 도움이 될 거예요.

　철학자들은 용어의 정의에 많은 시간과 노력을 투자해요. 또한 철학자들은 그 정의를 받아들이면 어떤 결론에 이를 것인지 깊이 생각하지요. 정의를 최대한 확실히 제시하는 것도 중요하지만, 이 책에 수록된 40가지 질문을 열심히 생각하는 것은 더욱 중요하답니다.

　이 책의 모든 질문에 생각하고 공부하면서 큰 흥미를 느꼈고 많은 도움이 되었다면, 이 책에 수록된 '추천 철학 도서'들을 찾아보세요. 다양한 관점에서 철학에 접근하는 책들이 소개되어 있답니다.

　오래전 그리스 철학자 소크라테스는 검증되지 않은 삶은 살 가치가 없다고 말했어요. 하지만 이 책에서 소개한 철학자들이 열어 놓은 길을 따라가다 보면 우리의 삶을 검증할 수 있을 거예요. 삶에 대한 검증은 반드시 거쳐야 할 중요한 절차이며 매우 즐거운 과정이기도 하지요. 이 책은 철학의 진짜 재미를 맛보기만 보여줄 뿐이에요. 앞으로도 무궁무진한 철학의 세계를 탐구하는 즐거움을 얼마든지 누릴 수 있을 거예요!

"소크라테스와 점심을 함께 할 수 있다면,
우리 회사가 가지고 있는 모든 기술을
그것과 바꾸겠다."

스티브 잡스 Steve Jobs, 기업가

철학하는
십대가

PHILOSOPHY
FOR KIDS

세상을 바꾼다

철학자가 아니면서
철학을 가르치는 법

선생님과 부모님을 위한 수업 가이드

철학자가 아니면서 철학을 가르치는 법

선생님과 부모님들께

철학은 오랜 역사를 지닌 매우 광범위한 학문입니다. 이 책 속의 질문은 3천 년의 세월동안 다양한 문화를 대표하는 철학자의 사상을 소개합니다.

학생들은 처음에는 '거짓말을 해도 될까?', '친구를 어떻게 알 수 있을까?' 와 같은 구체적인 질문에 흥미를 느끼고 궁금증을 가질 것입니다. 이 모든 질문은 철학의 근본적인 주제와 긴밀한 관련이 있습니다. 추상적이고 관념적인 질문도 깊이 생각할 가치가 있지만 처음부터 이러한 질문에까지 금방 관심가지기를 기대하기는 힘들겠지요.

우선은 아이들에게 질문을 그냥 훑어보게 하세요. 호기심은 언제, 어떤 대상을 향해서도 생길 수 있답니다. 호기심이라는 귀중한 자원을 그냥 놓쳐버려서는 안 되겠죠.

철학 사이에는 상호연관성이 있습니다. 한 문제에서 시작해 자연스럽게 다른 문제로 이어지지요. 이 책은 이러한 철학의 특징을 반영하여 각 질문이 다른 질문으로 연결되도록 구성하였습니다.

모든 아이가 처음부터 이 책의 질문에 큰 흥미를 느끼지 않을지도 모릅니다. 하지만 철학에 무관심하던 학생이 갑자기 호기심을 갖고 지적인 탐구를 해나가는 일도 종종 있지요 학생들이 처음부터 철학의 가치를 알지 못하더라도 선생님과 부모님은 인내심을 가지고 기다릴 필요가 있답니다.

몇몇 선생님은 수업 시간에 이 책을 교과서로 활용해 흥미로운 질문과 대답들을 학생들에게 소개하였습니다. 그러나 이 책은 애초에 교과서로 쓰기 위해 집필한 것은 아닙니다. 그저 재미있는 철학책을 의도했을 뿐이지요.

'철학자가 아니면서 철학을 가르치는 법'에서는 책의 구성, 수업의 진행, 질문 검토 및 지도 요령 등 이 책을 효과적으로 이용하는 데 도움이 될 만한 자료들을 수록하였습니다. 이 책을 수업 등 좀 더 공식적인 상황에서 활용하고자 할 때 도움이 될 것입니다.

모든 사람은 철학자입니다

자신을 철학자라고 생각해 본 적이 없거나 철학적 성향이 조금도 없다고 생각했다면, '모든 사람이 철학자'라는 말을 듣고 의아하게 여겼을 것입니다.

하지만 '가장 이익이 되는 것'이나 '가장 올바른 것'이 무엇인지 판단할 때마다 우리는 철학적 선택을 하는 셈이지요. 자신에게 이익이 되는 선택을 하는 것은, 세상의 수많은 대안 중에서 내게 영향을 주는 대안과 간단히 무시해도 되는 대안을 구분하는 것을 뜻합니다. 일단 이 선택이 끝나면 우리는 '가장 올바른 것'이 무엇인지 생각하게 되지요. 이것은 가치에 대해, 그 가치가 실제 삶에 어떤 영향을 주는지에 대해 판단하는 근본적인 윤리의 실천입니다. 이러한 가치는 우리 자신, 가족, 친구, 모임, 가정, 지역사회, 나라 등 우리를 둘러싼 다양한 영역에서 실현됩니다. 우리가 하는 구체적이고 '실용적인' 결정은 이런 영역 전체에 영향을 준답니다.

또한 우리는 '인식'의 주체로서 느끼고, 감지하고, 이해하는 대상을 잘 활용해야 합니다. 우리 세계에 흘러들어오는 모든 정보를 완전히 이해하고 현명한 결정을 내리도록 잘 선택해야 하지요.

마지막으로 우리의 결정은 실재에 대한 우리의 가정에 따라 달라집니다. 이 실재는 비판적으로 검토하기 전까지는 진실로 보일지 모르지만 표면적으로만 진실일 뿐 아무런 가치를 전달하지 못할 수도 있답니다. 예를 들어 나에 대한 다른 사람의 생각은 얼마나 '진실'할까요? 그들의 의견은 나를 판단하는 본질적인 근거일까요? 아니면 무시해도 좋을 부적절한 의견일까요? 이문제에 어떻게 대답하느냐에 따라 우리의 태도와 사고가 결정됩니다.

일상 속에서 우리는 가치에 근거한 결정을 내리고, 주위에서 일어나는 사건을 인식해, 명확하고 논리적으로 현실에 대응합니다. 철학자와 같은 일을하는 것이지요. 그들과의 유일한 차이점은 철학자는 시간을 들여 생활 속의 복잡한 문제를 질서정연하고 체계적으로 정리하려 노력한다는 점뿐입니다. 또한 우리는 개념, 명제, 해명, 설명, 추론이라는 철학자가 일반적으로 활용하는 수단 또한 널리 이용하고 있습니다.

철학을 두려워할 필요는 전혀 없습니다. 철학적으로 생각한다는 것은, 일상 속의 소중하고 매혹적인 요소들과 진지하게 상호작용하는 거랍니다. 철학을 지극히 고상하고 지적인 모험으로 받아들인다면(실제로 그렇긴 합니다만) 선생님과 부모님은 어린 학생을 지도하면서 동시에 그들로부터 배울수도 있답니다. 그럼 지금부터 당장 철학을 시작해봅시다!

이 책의 활용법

이 책은 영역은 가치, 인식, 실재, 비판적 사고라는 철학의 네 가지 주요 분야를 대표합니다. 그 전문적 명칭은 윤리학(가치), 인식론(인식), 형이상학(실재), 논리학(비판적 사고)입니다. 철학은 하위 논제에 따라 더 세분될 수 있지만, 일반적으로 이 네 개의 영역이 철학에서 가장 핵심적인 분야로 인식됩니다.

1. 일상적 주제부터 추상적 주제까지. 한 권으로 배우는 철학적 사고법

네 개의 영역은 먼저 직접적인 사회적 관계를 다루는 '가치'에서 시작합니다. '가치' 영역은 학생들이 일상적으로 종종 부딪치는 주제인 ("그건 불공평해!" 또는 "네가 내 친구라고?"), '공정함'과 '우정'부터 시작됩니다. 인식 분야의 질문은 개인의 삶과 직접적인 관련이 적기 때문에 제2부에 등장합니다. 진실의 본질과 관련한 문제는 제3부에서 다루는데, 가장 추상적이지만 학생들이 일단 관심을 두기 시작하면 가장 큰 흥미를 느끼기도 합니다. 마지막으로 제4부의 비판적 사고 영역은 명확하고 논리적인 사고에 대해 배웁니다.

2. 40개 질문으로 배우는 철학의 역사적 흐름

처음 세 영역은 모두 철학의 태동기부터 오늘날까지 철학자들의 생존 연대순으로 배열되었습니다. 40개의 질문을 순서대로 공부한다면, 결과적으로 철학의 역사적 흐름을 이해하게 됩니다. 윤리학, 인식론, 형이상학, 논리학의 영역을 순서대로 탐구하면서 철학에 대해 개괄적인 지식을 얻게 될 것입니다.

3. 꼬리에 꼬리를 무는 철학적 생각법

40가지 질문 사이의 연관성은 각 질문 안에 표시되어 있습니다. 주제 사이의 연관성은 철학이 유기적인 학문임을 보여줍니다. 특정 주제에 대한 관심은 원래 질문의 논점과는 크게 상관없어 보이는 다양한 주제로 이어질 수 있습니다. 철학에서는 모든 사물이 서로 관계가 있습니다.

4. 부모님과 선생님이 함께하는 철학교실

1) 준비

연습문제의 목표는 하나의 정답을 찾는 것이 아닙니다. 다양한 가능성을 종합적으로 제시하여 토론을 유도하는 것입니다.

① 수업할 질문을 읽고 예상되는 학생의 질문을 최대한 준비합니다.

② 이 책의 질문은 초등학교 고학년부터 중학생 사이의 학생을 대상으로 직접 현장 검증을 거쳤습니다. 연습문제와 토론을 함께 진행하면 적극적인 반응을 유도할 수 있습니다. 이 책에 수록된 토론 주제는 질문에 대한 설명과 함께 흥미를 자극합니다. 적극적으로 참여하는 분위기가 형성되면 학생들은 연습문제도 주도적으로 진행할 것입니다. 토론이 본문의 요점에서 다소 동떨어진 방향으로 벗어나도 학생들이 열심히 의견을 교환한다면, 이

를 중단시키고 다시 논점에 집중하게 하는 것보다는 토론을 그대로 진행하는 게 나을 것입니다.

③ 각 질문의 마지막에 등장하는 '생각 더하기'에는 토론을 유도하고 질문과 관련한 주요 논점에 대해 더욱 깊이 생각하는 질문과 해설을 담았습니다.

2) 수업 진행 방법

교실에서 선생님들의 수업 진행 방식은 모두 선생님 개인의 선택에 달렸습니다. 다음에 제시한 내용은 그저 참고사항일 뿐 반드시 따라야 할 필요는 없습니다. 그러나 저자가 오랫동안 철학을 가르쳐본 결과, 아래 방법들은 이 책의 내용을 효과적으로 전달하는 데 매우 유용했습니다.

① 토론을 시작할 때는 구체적인 예를 제시합니다. 하지만 학생들이 자신의 경험만 이야기하는 것은 바람직하지 못합니다. 토론이 학생들의 이야기를 발표하는 시간으로 변질되면 즐겁기는 하겠지만 주어진 주제를 깊이 분석할 수는 없겠지요.

② 열린 마음을 가져야 합니다. 교사는 특정 질문의 핵심 주제에 개인적으로 강한 신념이 있을 수 있습니다. 하지만 학생들이 질문의 내용과 관련해 어떤 발언을 하든, 그 의견을 존중하는 의미에서 교사 자신의 견해는 숨기는 것이 좋습니다. 물론 자신의 견해가 옳다는 전제에서 문제를 제기하고 질문을 할 수는 있습니다. 그러나 학생의 반응이 교사의 기대나 신념과 일치하지 않는다고 '네 생각은 옳지 않아!'라고 말하거나 그런 인상을 주어서는 안 됩니다. 결국 토론의 목적은 교사의 개인적 신념을 전달하는 것이 아니라 학생

들이 자신의 견해를 최대한 구체적이고 논리정연하게 정리하는 것이니까요. 교사는 지시나 평가보다는 토론을 유도하는 역할로 충분합니다.

③ 같은 맥락에서 학생들이 최대한 많은 발언을 하도록 지도합니다. 교사가 강의를 일방적으로 진행한다면, 학생들은 결국 모든 답을 선생님이 다 얘기할 거로 생각합니다. 소크라테스는 강의한 적이 없습니다. 그는 많은 질문을 했고 언제나 그 대답을 경청했습니다.

④ 토론의 진행 방향은 유연해야 합니다. 아이들이 주어진 질문에 어떻게 반응할지는 추정할 수 있습니다. 물론 정확하게 예상대로 반응하는 경우보다는 그렇지 않은 경우가 더 많지만요. 학생들이 40가지 질문을 관련 있는(또는 관련 없는) 영역으로 확장하는 경우도 충분히 대비해야 합니다. 토론이 지금 다루는 주제를 명백히 벗어난다 해도 조금은 융통성을 발휘하세요. 어린 학생들이 자기만의 질문을 만들고, 다양한 주제 사이의 연관성을 찾아내는 것도 매우 흥미로우니까요. 학생들의 대화를 질문에 대한 직접적인 주제로 돌릴지, 아니면 토론을 계속 지켜볼지 결정하려면 조금은 경험이 필요할지도 모릅니다.

학생들은 때때로 연습문제가 제시되기도 전에 논쟁을 시작하기도 합니다. 예를 들어 아리스토텔레스와 우정에 관한 질문 #2의 도입 구절에서는 누구든 친구가 없는 사람은 외로울 뿐만 아니라 행복하지도 않다고 단언합니다. 6학년 학생들 몇 명은 편안하게 컴퓨터 게임에 몰두하는 사람은 친구가 없어도 얼마든지 삶을 즐길 수 있다고 그 주장을 반박했습니다. 이렇게 학생들은 저자가 (아리스토텔레스의 생각을 따라) 당연하다고 믿은 논점에 대해서도 이미 철학적으로 생각했던 것이죠.

연습문제가 나오기 전부터 학생들이 의견을 말하면서 토론을 시작했다면 이를 계속하게 할 것인지도 선생님의 재량으로 결정할 수 있습니다.

⑤ 선생님도 모든 답을 알지는 못한다는 사실을 인정하세요. 이는 매우 중요한 문제입니다. 학생이 교사도 잘 모르는 내용을 질문할 때는 당당히 '나도 모르겠는데.' 또는 '선생님이 한번 생각해볼게.'라고 대답하는 것이 좋습니다. 철학적 질문을 열심히 따라가다 보면 혼란이 생겨 깨달음에 대한 강렬한 열망이 좌절되기도 합니다. 이를테면 직무상 재해인 셈이지만 자유분방한 철학 토론에서는 이러한 위험 요소가 언제나 존재합니다. 그러나 토론의 성과(근본적 문제에 대한 이해와 지혜)가 교사 개인의 권위를 지키는 일보다는 훨씬 중요하겠지요.

철학에서는 그 누구도 모든 답을 알 수 없습니다. 설사 우리 자신이 답을 안다고 믿어도, 사실은 부분적으로밖에 알지 못합니다. 저명한 수학자이자 철학자인 앨프리드 노스 화이트헤드Alfred North Whitehead는 이를 '모든 진실은 절반만 진실일 뿐이다.'라고 표현했습니다. 다른 모든 사람처럼 나 또한 전지전능하지 않다는 사실을 인정하는 것은 오히려 정직하게 비칩니다. 당황하지 않고 잘 모른다는 것을 자연스럽게 인정한다면 학생들은 선생님의 인간적인 모습 때문에 더욱 존경심을 갖게 될지도 모릅니다. 선생님들 모두 용기를 가지세요!

3) 질문 검토 및 지도요령

이 부분에는 40가지 질문이 모두 짤막하게 요약되어 있습니다. 철학자의 이름과 질문의 근거가 된 저서도 명시하였습니다. 질문의 요약 다음에는 '지도 요령'을 제시하였습니다. 그 내용은 다음과 같습니다.

① 각 질문을 제시하는 방법에 대한 조언

② 미리 알아두면 좋을 학생들의 일반적인 반응

③ 학생들과 함께 각 질문의 철학적 내용을 토론할 때 도움이 될 만한 보충 설명

지도 요령의 구체적인 내용은 각 질문의 철학적 성격과 연습문제의 유형에 따라 달라집니다. ('지도 요령'에 붙은 번호와 각 질문의 '생각 더하기'에 붙은 번호는 서로 무관합니다.)

나는 정의로운 사람일까?

플라톤 Plato:『국가론 Republic』

소크라테스는 정의正義에 대한 몇 가지 개념을 비판적으로 평가합니다. 또한 이 장에서는 정의定義의 개념을 소개하고 정의를 평가하는 것이 어떤 의미인지 살펴봅니다.

1. 연습문제가 '어떻게 행동하는 것이 옳은 일인지'를 묻고 있다는 사실을 강조합니다. 소크라테스는 도덕문제에 대한 답을 알고자 했을 뿐, 이러한 상황에서 대부분 사람이 어떤 행동을 할지를 알고 싶어 한 것은 아니지요. 실제로 많은 사람이 하는 행동이 모두 옳은 것은 아니기 때문입니다.

2. 연습문제 1과 2를 끝낸 다음, 학생들에게 보기 1, 2, 3, 4에서 설명하는 행동이 적절하고, 올바르고, 공정하다고 생각하는지 물어보세요. 그렇지 않다면 이유를 말하게 하세요.

3. '생각 더하기'의 질문들은 심화 토론을 유도하고, 개념의 이해를 돕는 것이 목적입니다. 생각 더하기 1은 해석의 여지가 넓습니다. (즉 앞에서 제시

한 정의에 대한 설명을 고려할 때 특별한 정답이 없습니다.) 이 질문의 목적은 교우 관계에서 정의의 중요성을 학생들에게 이해시키는 것입니다. (우정에 대한 질문 #2로 이어질 수도 있습니다.)

4. 생각 더하기 3에는 플라톤이 국가론에서 설명한 정의의 본질에 대해 매우 개략적인 내용만을 소개합니다.

5. 생각 더하기 2와 3은 '자기 자신에 대한 불공평'이라는 주제의 토론으로 이어질 수 있습니다. (또한 질문 #4에서 다루는 의무의 개념으로 자연스럽게 이어집니다.) 학생들에게 자기 자신에게 공정하지 못한 경우를 예로 들어보라고 하세요. 시험에서 부정행위를 하거나 남의 숙제를 베끼는 것을 자신에 대해 공정치 못한 행동의 예로 볼 수 있겠지요.

6. 학생들에게 정의에 대해 정의해 보라고 요구하면 매우 흥미로운 의견을 발표할 것입니다. 소크라테스처럼 비판적인 철학자를 흉내 내고 싶어하는 다른 학생들에게 친구들의 정의를 신중히 평가하게 해보세요. 유익한 토론으로 이어질 것입니다!

친구와 친구가 아닌 사람을
어떻게 알 수 있을까?

아리스토텔레스 Aristotle: 『니코마코스 윤리학 Nicomachean Ethics』

아리스토텔레스는 우정의 정의와 우정의 세 가지 유형을 제시합니다.

1. 아리스토텔레스의 입장을 검토하기 전에 학생들에게 우정에 대한 자신만의 정의를 내리게 합니다. 학생들은 다른 친구의 정의를 적극적으로 비판할 것입니다. 토론을 충분히 진행하다가 기존의 정의(아리스토텔레스의 정의 등)를 살펴봅니다.

2. 아리스토텔레스의 정의로 넘어가기 전에, 학생들에게 예 1~3에서 설명하는 세 가지 우정의 유형에 찬성하거나 반대하는 이유를 발표하게 합니다. 이러한 사전 질문을 거치면 학생들은 비판적 인식을 하고 아리스토텔레스의 정의를 평가할 수 있습니다.

3. 아리스토텔레스는 우정의 유형 중 하나는 효용성에 근거한다고 설명합니다. 학생들은 다른 사람을 '이용하는' 것은 우정의 타당한 유형이 될 수 없다고 주장하곤 합니다. 그러나 효용성에 근거한 우정은 아리스토텔레스

의 정의의 세 가지 요건을 모두 만족한다는 점에 주목해야 합니다. 한 사람이 상대방을 실제로 이용한다 해도, 상대방 또한 자신이 이용되고 있음을 압니다. 그러므로 효용성에 근거한 우정에는 기만적인 요소가 전혀 없습니다. 우정이 기만적이라면 서로 호의를 가져야 한다는 우정의 첫 번째 조건에 어긋나기 때문이지요. 이 경우에는 한 사람이 정말로 상대방을 목적을 이루기 위한 수단으로 취급하는 셈이기에 분명 우정이 아닙니다.

4. 생각 더하기 3에서 만약 자신의 우정에는 도덕적 선이 높은 비율을 차지한다고 주장하는 학생이 있다면, '도덕적 선이란 무엇인가?' 라는 질문이 이어져야 합니다. 그러나 학생들이 이 질문을 혼자 힘으로 생각하는 것은 무리입니다. 아리스토텔레스도 니코마코스 윤리학에서 많은 분량을 할애하여 이 개념을 설명했지만, 그의 입장은 '정당한 목적을 위해 정당한 행동을 하는 것'으로 요약될 뿐입니다. 사실 이 또한 문제를 해결한다기보다는 더 많은 의문점을 제시하는 문장이지요. 그러니 지도 선생님은 철학에서는 '한마디로 결론 내릴 수 없는 문제도 있다'는 말로 마무리하는 편이 좋겠습니다. 도덕적 선의 문제가 중요하긴 하지만 직접적인 주제는 우정이므로 여기서는 다루기 어렵습니다. 아리스토텔레스는 진정으로 도덕적인 사람은 거의 없어서, 도덕적 선을 근거로 하는 우정도 매우 드물다고 생각했습니다. (물론 그가 생각하는 선의 기준에서 말이지요.)

노력은 보상받아야할까?

공자 孔子:『논어 論語』

공자는 노력보다는 결과가 중요하다는 뉘앙스의 경구를 남겼습니다. 학교 공부에서 노력과 결과 사이의 불일치는 학생들에게 매우 현실적인 문제입니다. 연습문제는 학문 분야에서는 노력과 결과 중 무엇이 중요한가를 결정하는 게 매우 까다롭다는 것을 보여줍니다.

1. 마치 선생이 된 듯 점수를 매기는 활동을 학생들은 매우 즐거워합니다. 동시에 이 활동을 통해 점수를 매기는 일이 얼마나 힘든지 깨닫게 될 것입니다. 학생들에게 각자 매긴 점수를 칠판에 써보도록 합니다. 예를 들면, 1번 학생에게 1, 2, 3, 4의 점수를 준 사람이 몇 명인지, 그런 점수를 준 이유는 무엇인지 물어봅니다.

2. 학생들은 대개 노력에 대한 공자의 입장에 동의하지 않습니다. 그러나 학생들이 노력에 대해서 보상을 받아야 한다고 생각해도, 왜 그래야 하는지는 잘 알지 못합니다. 만약 학생들이 노력이 보상을 받아야 한다고 강력히 주장한다면 그 이유를 물어보세요.

3. 학생들은 보통 생각 더하기의 세 가지 질문에 큰 관심을 보입니다. 특히, 뛰어난 아이들은 성적이 좋지 못한 학생을 열렬히 옹호하는 경향이 있습니다. 물론 그 근거는 ①, ②, ③(또는 그것들의 조합)이 되겠지요. 학생들이 자신의 지적 능력에 대해 어떻게 평가하는지 들어보는 것도 무척 흥미로울 것입니다. 보통 여기서는 토론을 어떻게 중단시킬지 결정하기가 어렵습니다. 토론 내용이 훌륭하다면 다음 수업 때 공자에 관한 토론을 계속하는 것도 고려해볼 수 있습니다.

4. 현대적인 관점에서는 극도의 실용성을 추구하는 공자의 입장을 옹호하기 어렵습니다. 하지만 생각 더하기 2의 '주의할 점'은 철학자인 공자에 대해 공정한 평가를 해야 한다고 당부합니다. 공자의 경구들은 보통 인간적이고 감성적이며 품위가 있습니다.

우리를 괴롭히는 사소한 문제를
내버려 두어야할까?

마르쿠스 아우렐리우스 Marcus Aurelius: 『명상록 Meditations』

로마의 황제 아우렐리우스는 삶에 대한 금욕적인 태도와 의무 이행의 중요성을 강조합니다.

1. 주어진 질문에 가능한 한 정직하게 대답하도록 강조하세요. 학생에 따라 해당 사항이 없을 수도 있습니다. 예를 들어 스포츠 관람을 좋아하지 않는 학생이라면 7번 문제는 생각하지 않아도 됩니다.

2. '사소한 것'과 '중요한 것' 사이에 정확히 선을 긋기는 어렵습니다. 그러한 구분 기준을 토론해 보아도 좋겠지요. '사소한 것'과 '중요한 것' 사이에는 어떤 차이가 있을까요?

3. 학생들에게 부모, 선생님, 친구들, 그리고 자신에 대한 의무가 무엇인지 잠깐 생각해보게 합니다. 각 의무의 예를 들어보게 하고, 다른 학생들에게 친구의 의견에 동의하는지 물어봅니다. 매우 유익하고 격렬한 토론이 벌어질 것입니다.

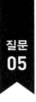

남을 꼭 도와줘야 할까?

모세 마이모니데스 Moses Maimonides

마이모니데스는 하느님에 대한 믿음과 하느님의 말씀인 성경을 근거로 남을 돕는 것이 인간의 의무라고 주장합니다. (그러나 단지 우리가 인간이라는 이유로 다른 인간에 대한 의무가 생긴다는 주장이 가능할까요?)

1. 연습문제에 최대한 솔직하게 답해야 한다고 강조하세요. (학생 수와 관계 없이 매우 다양한 대답이 나올 거예요.) 자선의 의무에 대한 마이모니데스의 입장이 옳다면, 학생이 '네'보다 '아니오.'라고 답했을 때 '조금은 자기중심적'이라고 표현할 수 있겠지요. 물론 학생들은 자신의 결정이 자기중심적이라는 데 이의를 제기할 것입니다!

2. 생각 더하기에서는 연습문제 1~5번 질문과 6, 7번 질문을 구분합니다. 학생들은 대개 '하느님은 존재한다', '성경은 하느님의 말씀이다.'라는 마이모니데스의 두 가지 가정을 쉽게 찾아냅니다. 비록 두 가지가 참이라고 믿는 사람이 많긴 해도, 이것이 보편적인 믿음은 아니라는 점을 주지시키세요. (신의 존재에 대한 논의는 질문 #26 참조)

3. 생각 더하기 2는 어느 집단의 사람이 잘살게 될지를 묻습니다. 여기에서 철학적 문제는 '자선을 베풀 필요가 없는 사회에서도 가난한 사람을 돕는 것은 여전히 의무인가?'입니다. 이 문제의 논점은 도덕입니다. 즉 '도울 것인가'가 아니라, '도와야 하는가'입니다. 이에 대한 토론은 보통 활발하게 진행됩니다. 생활보장 대상자들은 게을러서 복지혜택을 줄 필요가 없다고 생각하는 학생도 있습니다. 마이모니데스를 지지하는 학생들은 설사 그들중 게으른 사람이 있다 해도, 역시 우리에겐 가난한 이들을 도울 의무가 있다고 주장할 것입니다.

4. 학생들에게 일반적인 의무(자선행위 같은 특정한 의무에 반대되는 개념)가 무엇인지 정의하게 한다면, 활발한 토론이 벌어질 것입니다.

노는 것이 공부하는 것보다 행복할까?

존 스튜어트 밀 John Stuart Mill 『공리주의 Utilitarianism』

밀의 입장에 따르면 이 질문에 '네'라고 대답해도 될 듯합니다. 하지만 연습문제에서는 장기적으로 공부가 더 '재미있을 수 있다'는 가능성을 제기합니다. TV를 보거나 컴퓨터 게임을 하는 것보다는 공부하는 것이 행복으로 이어지기 쉽다는 것이지요.

1. 여덟 개의 사례 모두 행복을 위해 반드시 필요한 활동입니다. 물론 다른 예를 들어도 무방하지만, 이 예는 인간의 다양한 활동을 포괄적으로 제시합니다. 학생들이 일부 항목에 동의하지 않는다면 좀 더 익숙한 예로 바꾸세요. 예컨대 알레르기가 있는 학생이라면 피자나 다른 음식으로 대체하면 되겠지요.

2. 행복의 요소에 순위를 매기는 활동은 조별로 실시하면 더욱 흥미진진할 것입니다. 여기서는 행복에 영향을 주는 요소에 대한 학생들의 의견 차이를 적절히 통제하는 게 중요합니다.

3. 학생들에게 여덟 개의 사례에 발생 빈도가 아닌 중요성에 따라 순위를 매기라고 강조하세요. 생명을 유지하기 위해서는 먹는 것이 매우 중요하지만, 반드시 좋아하는 음식을 먹어야 하는 것은 아닙니다. 매우 소박한 식사만으로 행복을 느끼는 사람도 있으니까요.

4. 학년과 관계없이 학생들은 행복이란 매우 주관적인 상태이므로 전적으로 개인의 취향에 달렸다고 말하기도 합니다. 그러나 행복에 대한 밀의 접근으로는 이러한 상대주의는 두 가지 측면에서 타당하지 못합니다.

먼저 남을 괴롭히는 데서 행복을 얻을 수 있다는 이유로 다른 사람을 해친다면(놀리거나 괴롭히기), 이는 절대 용납할 수 없는 행동입니다. 개인의 행복 추구는 최소한 남을 해치는 결과를 낳아서는 안 되지요. 괴롭힘을 당한 피해자는 행복의 기회를 빼앗기게 되기 때문입니다.

또한 밀은 좀 더 바람직한 행동과 그렇지 못한 행동이 있다고 주장합니다. 우리는 적어도 공부처럼 특별히 하고 싶지 않은 일을 하며 보내야 할 의무가 있는 셈입니다. 그 일이 장기적으로 우리에게 가장 큰 이익을 가져오기 때문이지요. (의무에 대한 논의는 질문 #4 참조)

거짓말은 해도 될까?

임마누엘 칸트 Immanuel Kant:
『도덕형이상학의 근본 원리 Fundamental Principles of the Metaphysics of Morals』

이 질문에는 분명히 '아니오.'라고 답해야 할 것 같습니다. 그러나 연습문제에는 '네'라고 대답하고 싶어지는 사례도 있습니다. 칸트는 이 질문에 반드시 '아니오.'라고 대답해야 하는 흥미로운 근거를 제시합니다.

1. 질문에 정직하게 대답하는 것이 중요하다고 강조합니다. 학생들이 실제로 '나라면 어떻게 할 것인가'가 아니라, '남들이 나에게 어떻게 할 것으로 기대하는가'에 따라 답변한다면 질문은 큰 의미가 없습니다.

2. 간단한 사례이지만 어린 학생일수록 구체적 사실에 파고들려 합니다. 5번 질문은 특히 그러합니다. 부[■]를 정확히 어떻게 얻는가에 대한 세부 사실은 고려할 필요가 없다고 말해 주세요. 여기서는 거짓말이라는 수단을 통해 부라는 목적을 달성한다는 점이 중요합니다.

3. 거짓말을 하는 것은 비도덕적이지만, 유익한 결과를 가져온다면 목적 달성을 위한 수단으로 정당화될 수 있느냐가 논점입니다. 거짓말을 하면 인

간으로서의 도덕적 순수성이 희생되지만, 결과를 우선해야 한다고 주장하는 학생이 있다면 그 이유를 말하게 합니다.

4. 만약 학생들이 그 행동의 결과로 어떤 행동의 도덕성을 판단해야 한다고 주장한다면, 이 주장을 격언의 형태로 말해보게 합니다. (예컨대 '결과가 이로우면 행동은 도덕적으로 옳다.') 이런 표현을 생각하려면 꽤 높은 수준의 사고력이 요구됩니다. 이러한 노력 자체가 학생과 교사 모두에게 의미있는 경험이 될 것입니다. (수단과 목적의 사회적 의미는 질문 #8 참조.)

폭력도 정당화될 수 있을까?

마틴 루서 킹 Martin Luther King, Jr: 연설과 저술에서 발췌

마하트마 간디가 그랬던 것처럼, 킹 또한 사회의 정의를 실현하기 위해서라도 폭력은 절대 정당화될 수 없다고 주장합니다. 학생들도 종종 분노(때로는 폭력)를 경험합니다. 연습문제는 어려운 문제에 결정을 내리기 전에 개인적, 사회적 맥락을 고려하게 합니다.

1. 비폭력이 사회 정의를 실현하는 제일 나은 방법인지는 여전히 의견이 분분합니다. 이 논점을 학생들과 함께 토론해봅시다. 학급의 구성이 문화적으로 다양하다면 토론은 더욱 진지하고 열정적이 될 것입니다. 그렇지 않더라도 이 논점은 충분히 학생들의 흥미를 불러일으키고 감정을 자극합니다.

2. 학생들은 종종 개인적으로 공격을 받아 자신을 방어해야 할 때에도 비폭력이 적용되어야 하는지 묻습니다. 이는 매우 까다로운 문제이죠. 이런 질문에는 킹이 개인보다는 집단과 관련한 사회적 불의에 초점을 맞추었음을 강조하는 것이 좋습니다. 비폭력과 자기방어의 관계에 대한 답변은 되지 못하겠지만, 토론의 범위를 적절히 한정할 수는 있을 것입니다.

3. 때때로 남학생들은 '남자다움'을 과시하기 위해 싸움을 하기도 합니다. 학생들에게 그러한 행동의 수단이나 목적(또는 둘 다)이 도덕적으로 정당화될 수 있는지 물어보세요.

4. 가정이나 학교, 직장에서 일어날 수 있는 다양한 갈등의 예를 제시합니다. 학생들에게 갈등을 해결하기 위해 사용할 수 있는 비폭력 수단을 찾아 서로 평가하게 하세요.

왜 우리는 다른 사람과있을 때
가끔 어색할까?

시몬 드 보부아르 Simone de Beauvoir: 『제2의 성 The Second Sex』

성별과 인종 또는 국적이 다른 사람이 섞여 있을 때 종종 갈등이 발생합니다. 이 장의 쟁점은 다른 사람의 어떤 특징 때문에 불편함을 느끼는지 밝히고 이러한 '타자성'의 느낌을 줄이는 방법을 제시하는 것입니다.

1. 학생들에게 연습문제에 제시된 상황 중, 개인적으로 경험한 것에 대해서만 답하게 합니다. 제시된 사례들은 상당히 광범위해서 대부분이 경험해보았을 것입니다.

2. 생각 더하기 1은 사회적 상황에 대한 개인별 반응의 차이에 초점을 맞춥니다. 반면 생각 더하기 2는 사회적 상황에 대한 집단별 반응의 차이에 초점을 맞추었습니다. 학급에 여러 문화권의 학생이 섞여 있으면 토론이 감정적으로 변하기도 합니다. 이 토론은 개인적 경험에 근거해 일반적인 특성과 경향을 밝히기 위한 것이므로, 특정 학생을 비난해서는 안 됩니다. (이러한 종류의 토론에서 종종 발생하는 논리적 오류에 관한 논점은 질문 #33 참조.)

3. 조앤 K. 롤링의 유명한 소설 『해리 포터와 마법사의 돌』(과 그 시리즈)의 주인공인 해리는 마법 학교 학생이 되기 전까지 외톨이라는 고통을 견뎌야 했습니다. 그 외에 '외부인'으로서 '타자성'이라는 부담을 짊어져야 했던 문학 속 등장인물은 누구인지 학생들에게 찾아보게 합니다.

우리가 기술을 지배할까, 기술이 우리를 지배할까?

마르틴 하이데거 Martin Heidegger:
『기술에 관한 문제 The Question Concerning Technology』

학생들은 주로 우리가 기술을 지배한다고 대답합니다. 그러나 하이데거는 자동차, 비행기, 컴퓨터, 비디오게임, 텔레비전 등 문명의 이기利器가 보기만큼 인간에게 유익한 것은 아니라고 생각했습니다.

1. 기술의 예를 열 가지 이하로 제한하세요. 시간이 충분치 않다면 그 이하도 괜찮습니다. 학생 몇 명에게 각자 생각하는 물건을 칠판에 쓰도록 합니다. (중복되는 물건이 있을 수 있습니다.) 이러한 물건의 유익하거나 해로운 측면을 들어보게 합니다.

2. 이 질문은 우리가 기술을 완전히 통제하지 못할 수도 있다는 가능성, 즉 기술이 어떤 의미에서 '저절로 작동'할 가능성을 암시합니다. 기술이 인간의 통제를 벗어나서 존재할 가능성에 학생들은 동의하지 않을지도 모릅니다. 기술이 인간과 자연의 근본적인 관계를 반영한다는 사실(기술이 단지 '목적 달성을 위한 수단'에 그치지 않는다는 점)을 학생들이 이해할 수 있다면, 이 질문은 충분한 의의가 있습니다.

사물이 움직인다는 사실을 어떻게 알까?

제노 Zeno

제노의 스승인 파르메니데스는 움직임이 환상에 불과하다는 것을 증명하려 노력했습니다. 어찌 보면 매우 기발한 이론 같지만 꼭 그렇지만은 않습니다. 제노는 아킬레스와 거북이의 사례를 비롯한 몇 가지 역설로 이를 간접적으로 증명하려 합니다. 연습문제는 움직임이라는 현상의 이면에는 눈에 보이는 것보다 훨씬 많은 의미가 있음을 보여줍니다.

1. 움직임에 대한 제노의 접근 방식은 그가 연속적인 현상을 불연속적인 현상으로 바꾸어 생각했다는 점에서 비판을 받습니다. 선線이 불연속적인 점들의 집합이 아닌 것처럼 개별 동작이 모여 움직임을 구성한다고 볼 수는 없습니다. 여기서는 움직임이 본질에서 '연속적'이라는 사실을 이해해, 움직임이라는 현상을 분석하는 것이 핵심입니다. 물론 철학적으로 분석하기 쉬운 문제는 아니지요.

2. 생각 더하기 2는 인식이 단지 감각의 작용뿐 아니라 정신적 활동으로도 생성된다는 점을 보여줍니다. 움직임이라는 현상을 이해하기 위해서는 감각

의 명확한 증거와 함께 정신 활동이 필요합니다.

3. 생각 더하기 3에서 학생들은 숫자와 수학이 눈에 보이는 대상이라기보다 머릿속으로만 생각하는 개념이라고 이해할 수 있습니다. 덧셈을 할 때 우리는 구체적인 물체를 다른 물체에 결합하는 것이 아니라, 특정 개념에 대한 정신의 이해를 통해 추상적인 기능을 하는 것입니다.

4. 이 질문의 목적은 인식론(우리가 사물을 인식하는 방법을 설명하는 것)의 문제에 학생의 관심을 유발하는 것입니다. 선생님은 학생이 움직임의 개념에 대한 여러 가지 문제점을 토론하도록 유도해야 합니다. 움직임은 흥미롭지만 분석하기 어려운 개념입니다.

우리의 말은 어떻게 진실이 될까?

아리스토텔레스 Aristotle: 『범주론 Categories』

아리스토텔레스는 어떤 명제가 세상의 사실에 대응하면 참이라고 말합니다. 즉 '우리의 말은 어떻게 진실이 되는가'라는 질문의 목적은 무엇을 진실이라고 말하려면 개인의 주관적인 생각과 믿음만으로는 부족하고 현실에 대응하는 객관적 요소가 필요하다는 것을 이해시키는 것입니다.

1. 질문에 답하기 전에 신중히 생각하고 최대한 정직하게 대답해야 한다고 강조합니다.

2. 생각 더하기 1은 비판적 사고 부분(제4부)의 질문 #36에서 다루는 '대중에의 호소'라는 논리적 오류를 미리 말해줍니다.

3. 생각 더하기 1~4에서는 각각 질문과 함께 답을 간단하게 제시하고 있습니다. 학생들이 그 답에 동의하지 않거나 의견이 제각각이라면 토론을 진행하세요. 이 토론에서도 진실이 객관적인 상태에 대응해야 한다는 아리스토텔레스의 견해는 유지되어야 합니다.

4. 만약 학생들이 진실은 개인적인 믿음보다 세상에서 실제로 일어나는 현상에 달려 있다고 말한다면, 즉 진실의 요소에 '주관성'뿐만 아니라 '객관성'도 포함되어야 한다는 것을 이해한다면, 이 질문의 철학적 요점을 제대로 이해한 것입니다.

자신의 존재를 의심할 수 있을까?

르네 데카르트 Rene Decartes: 『성찰록 Meditations on First Philosophy』

이상한 질문 같지만, 인식론에서 가장 중요한 논점입니다. 학생들은 연습문제를 통해 확신의 근원을 알기 위한 데카르트의 관념적인 사유 과정을 따라가게 됩니다. 그러면서 '확신certitude' 개념의 중요성을 인식할 수 있습니다.

1. 누군가 망상에 빠져있다면 1~3번 질문은 '참'이라고 답할 수 있습니다. 수학을 잘하는 학생이라면, 10진법이 아니라면 3+2는 5가 아니라고 말할 것입니다. 또한 '3'이라는 기호가 3이 아닌 다른 숫자를 의미한다면 3+2가 5가 아닐 가능성도 있습니다.

'사악한 악마'의 존재에 대한 데카르트의 가정은 매우 기발합니다. 학생들은 이 악마가 사탄과 같은 존재냐고 묻기도 하는데, 그렇지 않습니다. 사실 데카르트는 명상록 뒷부분에서 '사악한 악마' 같은 존재는 한없이 자비로우며 절대 기만하지 않는 하느님과 공존할 수 없음을 증명합니다. 그러나 사악한 악마는 인간에게 사탄과 비슷한 영향을 주기도 합니다. 간단히 말해 사악한 악마는 종교적 목적이 아니라 오로지 철학적 목적으로 도입된 개념이라 할 수 있지요.

2. 생각 더하기 2에 접근하는 방법은 만약 우리에게 뇌가 없다면 생각을 할 수 있을지 상상하는 것입니다. 그런 경우를 상상할 수 있다면 그것은 가능한 일이므로 데카르트의 원칙에 따라 정신과 뇌가 같지 않다는 결론으로 이어지게 됩니다.

3. 데카르트는 현대 심리학에서 널리 알려진 '우뇌형'과 '좌뇌형' 사고의 구분과 유사한 견해를 제시합니다. 데카르트는 논리적 추론을 할 때는(좌뇌형 사고), 정신 전체가 좌뇌형 사고를 하는 것이며, 예술 작품을 창작할 때는(우뇌형 사고), 정신 전체가 우뇌형 활동에 관여하는 것이라고 보았습니다. 데카르트는 우리가 좌뇌형 활동과 우뇌형 활동을 동시에 할 수 없기에, 뇌 일부에서 특정 유형의 사고를 해도 정신 전체가 이러한 사고에 관여하는 것이라 주장했습니다.

4. 정신과 뇌의 구분을 확장하려면 질문 #20을 참고하세요.

5. '생각하는 존재'가 확실성의 기원이 된다는 데카르트의 입장이 옳다면, 주관성과 객관성에 대한 임마누엘 칸트의 구분(질문 #16)은 어떻게 해석할지 생각해 봅시다. 흥미롭지만 매우 어려운 문제입니다. (힌트: 데카르트는 '객관적'인 것이 무엇이라 생각했을까요?)

숲에 아무도 없을 때 나무가 쓰러지면 그 나무는 소리를 낼까?

조지 버클리 George Berkeley:
『카일라스와 필로누스가 나눈 대화 세 마당 Three Dialogues Between Hylas and Philonous』

버클리의 원칙이 옳다고 가정하면 이 유명한 질문에 대한 답을 얻을 수 있습니다. 답은 '알 수 없다'이며, 그가 제시한 근거는 매우 흥미롭습니다. 이 질문은 무언가를 지각한다는 것이 무슨 의미인지, 지각이 인식으로 이어지기 위해서는 어떤 조건이 충족되어야 하는지 묻습니다.

1. 생각 더하기 1은 관찰자의 존재가 보이지 않는 것이 핵심입니다. 관찰자의 존재가 명확해지는 순간, 버클리의 입장에 힘이 실리니까요! 학생이 반례를 제시하면, 원래 명제의 의도를 왜곡하여 해석한 것은 아닌지 신중하게 검토합니다. 만약 그렇다면 그 반례는 적절하지 않기 때문에 버클리의 입장을 반박할 수 없습니다.

2. 생각 더하기 2에서 ①에 대한 상식적인 대답은 분명 '아니오'입니다. 그러나 ②의 경우, 비록 우리는 지구가 사라지지 않을 거라고 확실히 믿는다 해도, 답은 '지구가 여전히 존재할 것인지 확실히 알 수 없다'입니다! ③에서 버클리가 제시하는 답은 자신이 창조한 사물에 대해 하느님이 계속해서 지

각하거나 생각(하느님은 '지각' 같은 것은 하지 않는다고 가정하면)하면 사물은 계속 존재할 수 있다는 것입니다. 즉 인간이 사라져도 하느님이 자신의 창조물에 계속 관심을 유지하는 한 지구를 비롯한 우주 전체는 계속 존재하게 됩니다. '존재하는 것은 지각된 것이다.'라는 말은 이 경우에도 유효하지만, 지각의 주체가 인간이 아닌 신이라는 점에서 차이가 있습니다. (하느님이 철학적 주체로 등장하는 다른 논의는 질문 #26 참조)

중력의 법칙은 정말로 법칙일까?

데이비드 흄 David Hume:
『인간 오성에 관한 탐구 An Inquiry Concerning Human Understanding』

흄은 우리가 중력을 자연의 법칙이라고 확신하는 이유는 자연의 실제 특성보다는 반복된 경험 때문이 아닌지 의문을 가졌습니다. 연습문제는 일상적인 경험과 과학 법칙 사이의 관계를 보여줍니다.

1. 연습문제 4~6번이 실제로 일어날 수 있음을 설명합니다. 분필이나 마커를 들고 학생들에게 그것을 손에서 놓았을 때 어떤 일이 생길지 상상해 보라고 합니다. 학생들은 즉시 물체가 날아오른다, 떠다닌다, 사라진다, 말을 하는 등 (엉뚱한) 이야기를 할 것입니다. 이로써 우리는 사물이 우리가 아는 모습과 전혀 달라질 수 있음을 알 수 있습니다. J. K. 롤링의 『해리 포터와 마법사의 돌』에 묘사된 세계를 떠올릴 수도 있습니다. 그곳은 우리가 거주하는 '현실' 세계와 마법사들의 신기한 세계가 공존하는 세계입니다. (가능성의 개념에 대한 일반 논의는 질문 #30 참조)

2. 흄의 입장을 극단적으로 밀고 가면 과학의 성과에 대한 심각한 회의懷疑를 초래하게 됩니다. 학생들에게 과학적 결론이 그저 습관의 결과가 아님을

보여주는 특성에는 무엇이 있는지 물어보세요. 실험연구의 상호주관적[相互主觀的] 특성, 실험 결과가 반복적으로 재현될 수 있어야 한다는 사실, 결과를 예측하는 과학의 힘 등을 답으로 제시할 수 있습니다. 사실 흄은 중력의 존재를 부인하지 않습니다. 그는 우리가 어떤 자연적 질서에 대해 확신을 하더라도, 그러한 확신은 우리의 습관적인 경험에 의존할 뿐이라는 점을 강조하려는 것입니다.

우리가 무언가를 알고 있다는 사실을 어떻게 알까?

임마누엘 칸트 Immanuel Kant: 『순수 이성 비판 Critique of Pure Reason』

이 방대한 저서의 마지막 부분에 칸트는 지식에 대한 입장을 간결하게 정리했습니다. 연습문제에서는 지식에 객관적 요소(인식하는 사람의 주관적인 확신의 느낌이 아닌, 세상에 확실히 알려진 사실)가 필요함을 보여줍니다.

1. 지식에 대한 칸트의 접근은 관찰자의 주관적 느낌만으로 부족하고 객관적 요소의 필요성을 강조합니다. 이 점에서 진실에 대한 아리스토텔레스의 개념(질문 #12 참조)과 유사합니다. 학생들은 보통 진실과 지식 같은 개념에 상대주의적이지만, 칸트의 접근법은 학생들에게 상대적 요소만으로는 부족하다는 사실을 알려줍니다.

2. 학생들은 '객관적'인 것이 무엇이냐고 질문할 수 있습니다. 그 정확한 정의에 대해서는 논쟁의 여지가 있지만, 객관성이란 대체로 '상호주관적(한 사람의 관찰에게만 의존하지 않는 것)인 증거에 호소하는 성질'이라 설명할 수 있습니다. (객관성과 확실성의 개념에 대한 다른 접근법은 질문 #13 참조)

3. 생각 더하기 1에서 칸트는 의견과 믿음의 차이를 이렇게 설명합니다. '의견'은 우리가 어느 정도는 불확실하다고 느끼는 생각이고 '믿음'은 확실하다고 여기는 생각이다. 믿음을 지식으로 격상시키기 위해서는 객관적인 이유가 충분히 존재해야 한다. 즉 칸트는, 의견은 객관적인 이유가 부족하므로 믿음보다 약한 것으로 생각했습니다.

4. 만약 학생들이 칸트의 입장(지식에 '객관성'이라는 기준이 반드시 필요하다는 생각)에 동의하지 않는다면, 지식에 대한 자신만의 접근방법을 설명하도록 합니다. 이 정도의 사고 능력을 지닌 학생이 있다면 뛰어난 철학자라고 칭찬해주어야겠죠.

다른 사람의 감정을 이해할 수 있을까?

루트비히 비트겐슈타인 Ludwig Wittgenstein:
『철학적 탐구 Philosophical Investigations』

만약 우리가 슬픔을 느끼고 '슬프다'고 말하면, 다른 사람도 이 말의 의미를 알 수 있을까요? 이는 비트겐슈타인을 중심으로 한 현대 철학자들이 다양하게 분석해 본 문제입니다. 연습문제는 우리의 감정을 표현할 때는 최대한 정확한 언어를 사용하여 그 언어와 일치하는 감정을 전달해야 함을 보여줍니다.

1. 학생들이 슬픔 이외의 답을 골랐더라도, 그 답이 무엇이든 그대로 진행하는 것이 훨씬 편리합니다.

2. 이 연습문제에는 정답과 오답이 없습니다. 학생들이 언어와 감정의 관계에 대해 생각하고, 이러한 감정을 최대한 정확하고 생생하게 표현하는 것이 목적입니다.

3. 연습문제의 결과를 놓고 학생들이 벌이는 토론은 매우 흥미롭습니다. 학생들에게 친구의 표현에 대해 신중하고 너그럽게 평가하라고 충고합니다. 한 학생이 제시한 단어나 어구에 대해 반 전체가 긍정적인 평가를 한다면,

그 학생은 특정 감정의 언어게임과 실제 감정 사이의 관계를 잘 이해했다는 뜻입니다. (이 학생은 장래에 뛰어난 시인이 될지도 모를 일이죠!)

4. 생각 더하기 3은 언어가 감정을 불러일으키는 방식을 음악이나 미술 등 다른 매체와 비교해 보라는 질문입니다. 예술 작품이 감정을 '표현'하는가의 문제는 예술과 미의 개념을 연구하는 미학에서 주로 논의됩니다. 이 질문은 학생들에게도 상당한 관심을 불러일으킬 것입니다!

자신에게 거짓말을 할 수 있을까?

장 폴 사르트르 Jean-Paul Sartre: 『존재와 무 Being and Nothingness』

우리가 실제로 자기 자신에게 자주 거짓말을 한다는 것은 사르트르의 가장 흥미로운 이론 중 하나입니다. 연습문제는 학생들에게 자신의 감정과 태도에 대해 진정으로 정직하기란 절대 쉽지 않다는 점을 깨우쳐줍니다.

1. 사르트르의 사상은 실존주의 철학의 일부분일 뿐이라고 강조합니다. 『존재와 무』는 매우 방대한 작품이며, 엄청난 수의 전문용어를 담고 있습니다(현대 철학이 대개 그렇긴 합니다). 그러나 사르트르가 자신의 개념을 설명하기 위해 제시하는 예들은 대부분 생생하고 인상적입니다. 사르트르는 1965년 노벨 문학상을 받았지만, 자신의 마르크스 사상에 맞지 않는다는 이유로 상을 반납했습니다.

2. 사례 2에는 세 가지 보기가 제시됩니다. 학생들에게 그 외에도 가능한 반응이 있는지 물어보고, 필요하면 이 연습문제의 보기에 포함할 수 있습니다.

3. 최근의 조사 결과에 따르면, 흡연을 시작하는 나이가 점점 낮아지고 있다고 합니다. 학생들이 이미 흡연을 하고 있다면, 처음 담배를 피웠을 때를 떠올려보고 그때의 경험을 선택하게 합니다.

4. 우리가 어떤 사물이나 사람에게 특정한 감정을 느끼는 경우, 그렇게 느끼지 않는다고 자신에게 말하고 그 말이 사실이라고 믿을 수 있을까요? 이 흥미로운 문제는 '다른 사람이 우리의 느낌을 이해할 수 있는가'라는 질문 #17과 함께 생각해볼 수 있습니다.

우리는 사물을 있는 그대로 알까, 보이는 대로 알까?

버트런드 러셀 Bertrand Russell: 『철학의 문제들 The Problems of Philosophy』

러셀은 『철학의 문제들』 도입부에 감각자료 이론을 제시합니다. 인간은 감각이 정신에 전달하는 자료를 인식한다는 입장입니다. 연습문제는 '우리가 감지하는 대상이 실제 우리의 감각 지각 경험과 관계없이 독립해서 존재하는가?'라는 문제를 제기합니다.

1. 보이는 대로만 묘사해야 함을 강조합니다. 따라서 관찰하는 학생이 그것이 책상이라는 사실을 안다 해도 '책상' 같은 단어를 사용해서는 안 됩니다. 그것은 보는 대로 묘사하는 것이 아니니까요. 특정한 모양과 크기를 지닌 사물을 감지하면, 정신이 이에 해당하는 단어인 '책상'을 제시합니다.

2. 이 토론에서 사용된 감각은 시각이지만 감각자료 이론은 모든 종류의 감각을 포괄합니다. 그러므로 청각과 촉각 등을 통해 느끼는 대상도 사람마다 다릅니다.

3. 생각 더하기 1은 질문 #23 및 #24와 연결될 수 있습니다. 학생들이 외양

과 실제의 구분에 흥미를 느낀다면 이들 문제를 함께 살펴보아도 좋습니다.

4. 생각 더하기 2는 현미경으로 수집한 데이터라도 맨눈으로 수집한 데이터보다 더 신뢰할 수는 없다는 점을 암시합니다. 우리는 과학적으로 사실이라고 밝혀진 것들만 믿는 경향이 있기에 이는 매우 흥미로운 논점입니다.

컴퓨터는 생각할 수 있을까?

대니얼 데닛 Daniel Dennett: 『설명된 의식 Consciousness Explained』

많은 현대 철학자들이 이 문제에 대해 논의하였지만, 그중 데닛이 가장 대표적입니다. '생각'을 한다고 말하려면 어떤 조건이 충족되어야 할까요? 먼저 생각해보아야 합니다.

1. 생각 더하기 1은 어렵지만 학생들은 이 활동에서 큰 흥미를 느낄 것입니다. 연습문제에 주어진 다섯 문장과 비교하여 학생들이 만든 문장을 평가하는 것은 선생님의 몫입니다.

2. 과학이 아무리 발달해도 뇌의 작용을 완전히 밝히지 못할 가능성은 얼마든지 있습니다. 그러나 현재의 불완전한 연구와 지식에만 근거해 이 의견을 고수한다면 인간에게 특별한 점이 있다고 무작정 믿는, 지나치게 낭만적인 생각에 불과합니다. 만약 학생들이 과학은 결코 뇌를 완전히 이해하지 못할 거라고 고집한다면, 과학으로 절대 분석할 수 없는 인간의 활동이 무엇인지 밝혀봅니다. 이는 흥미롭고 까다로운 문제로, 언어와 감정의 관계를 다루는 질문 #17과도 연결됩니다.

아무것도 생각하지 않을 수 있을까?

파르메니데스 Parmenides

고대 그리스의 사상가들은 '그는 좋은 학생이 아니다.' 같은 문장에 사용되는 '아니다'의 의미를 쉽게 이해하지 못했습니다. 연습문제를 통해 '아니다'와 '아무것도 아닌 것'의 본질적 의미에 대한 파르메니데스의 흥미로운 설명을 이해할 수 있습니다.

1. 생각 더하기은 비록 켄타우루스는 (우리가 아는 한) 세상에 없지만, 신화 속에서는 분명히 존재합니다. 신화 같은 존재를 인정하는 형이상학적 사고에서라면, 켄타우루스에 대한 의미 있는 명제도 존재하겠지요. (형이상학의 중요주제인 존재의 다양한 의미에 대해서는 질문 #24 참조)

2. 의미와 지시의 차이는 질문 #38의 거짓말쟁이의 역설을 참조하세요.

3. 학생들이 '아니다'의 의미를 이해하지 못해도, 걱정할 필요가 없습니다. '아니다'에 대한 논리적인 해석은 플라톤이 만년에 쓴 대화편인 『소피스트 Sophist』에 처음으로 등장합니다. 이 저서에서 소크라테스는 '아테네는 뉴욕이 아니다.' 같은 문장에서 '아니다'의 주된 의미는 '다르다.'라고 설명합니다.

그러므로 무언가가 사실임을 부인할 때, 우리는 X는 Y와 '다르다.'라고 말하는 것입니다. 즉 '아테네는 뉴욕이 아니다'는 '아테네는 뉴욕과 다르다'와 비슷한 뜻입니다. 하지만 사실 '아무것도 아닌 것' 또는 '아니다.' 같은 부정 어구의 기능은 매우 복잡합니다. '소피스트'에서의 플라톤의 답변은 독창적이고 심오하긴 하지만 완벽한 설명은 되지 못합니다.

　4.『해리 포터와 마법사의 돌』의 아래 대화를 통해 관련된 철학 논점을 즐겁게 생각해볼 수 있습니다. 이 대화를 재연해보고, 학생들에게 이 대화가 우스운(그리고 필치를 화나게 하는) 이유를 발표하게 합니다.
　해리 포터와 친구들이 비열한 필치에게 쫓기다가 숨어 있을 때, 필치와 문지기 피브스 사이에 오간 대화입니다.

　"피브스, 녀석들이 어느 쪽으로 갔지?"
　필치가 말했다.
　"빨리 말해."
　"'제발 말해주세요.'라고 말하세요."
　"피브스, 짜증나게 하지 말고 어서 말해. 녀석들이 어디로 갔냐고?"
　"'제발 말해주세요.'라고 말하지 않으면 아무것도 말하지 않을 거예요."
　피브스가 특유의 귀에 거슬리는 목소리로 말했다.
　"좋아, 제발 말해주세요."
　"아무것도! 하하하! '제발 말해주세요.'라고 하지 않으면 '아무것도' 말하지 않는다고 했잖아요! 하하! 하하하하하!"

해리 포터와 친구들은 피브스가 휙 하고 사라지는 소리와 필치가 화가 나서 욕설을 퍼붓는 소리를 들었다.

이 대화는 다음과 같이 철학적으로 해석할 수 있습니다. 피브스가 "'제발 말해 주세요.'라고 말하지 않으면 아무것도 말하지 않을 거예요."라고 했을 때, 필치는 자신이 공손하게 '제발 말해주세요.'라는 말을 붙여 부탁하지 않으면 피브스가 어떤 것도 말해주지 않겠다고 받아들입니다. 그러나 필치가 예의 바르게 "제발 말해주세요."라고 말해도 피브스는 "아무것도."라고 대답합니다. (즉 '아무것도'라는 단어는 필치의 기대와 달리 해리 포터의 소재에 대해 전혀 의미 있는 정보를 제공하지 못합니다.) 피브스가 의미와 지시 사이의 구분을 교묘하게 무너뜨리는 바람에, 필치에 대한 그의 대답은 '아무것도'라는 단어 자체를 '지시'하지만 필치는 이 대답에 대해 전혀 말을 하지 않겠다는 '의미'로 받아들였습니다. 논리학과 형이상학의 요소가 절묘하게 버무려진 이 재미있는 에피소드 이외에도 이 소설에는 다양한 철학적 논점이 담겨 있습니다.

우연이라는 게 있을까?

데모크리토스 Democritus

서양철학에서 유물론에 대한 최초의 체계적인 접근은 원자에 대한 논의와 함께 시작되었습니다. 모든 사건은 원자의 활동으로 필연적으로 일어난다는 개념입니다. 연습문제는 우연의 개념을 설명하고, 데모크리토스를 따를 때 이것이 어떤 의미인지 이해하는 데 초점을 맞춥니다.

1. 모든 것이 이미 결정되었다면, 자유의지의 개념은 유지되기 어려울 것입니다. 이는 형이상학과 윤리학 사이의 밀접한 관계를 보여주는 좋은 예입니다. 원자에 대한 데모크리토스의 이론(형이상학)은 '자유로운 선택'(윤리학)의 의미를 무색하게 만들기 때문이지요. 자유의지의 개념에 대한 다른 접근법은 질문 #28을 참조하세요.

2. 생각 더하기 2에서 어떤 문제에 무작위나 무질서가 지배하는 부분이 반드시 포함된다면, 우연한 사건으로 이어질 수도 있겠지요. 하지만 이는 우연한 사건이 가능하다는 결론을 정당화하는 한 가지 방법일 뿐입니다.

3. 생각 더하기 3을 보자면, 이 문제에 대한 증명의 책임은 데모크리토스에게 있겠지요. 원자의 움직임에 어떤 규칙성이 없다면 사물이 종류별로 존재하는 이유를 설명하기 어렵습니다. 류의 존재는 형이상학자들도 해결하기 어려운 문제입니다.

4. 생각 더하기 4에 대해서는 다양한 대답이 나올 수 있습니다. 이는 과학에 대한 학생들의 태도를 확인하고, 과학적 연구의 '궁극적' 목적에 대해 생각할 유용한 질문입니다. 교사는 학생들의 의견이 긍정적이든 부정적이든 객관적으로 평가해야 합니다.

5. 데모크리토스가 주장하는 역학적 인과관계의 궁극적인 원인이 무엇인지 설명하게 해 보세요. '원자가 그렇게 움직이도록 만드는 힘은 무엇인가?'라는 흥미롭고도 어려운 질문에 대해서는 다양한 대답이 나올 것입니다. 또한 이 질문의 요점은 질문 #26으로 이어질 수 있습니다.

숫자를 사용하지 않으면
숫자는 어떻게 될까?

플라톤 Plato: 『파이돈 Phaedo』

플라톤은 인간이 숫자에 대해 생각하지 않더라도 숫자는 별도로 존재한다고 믿었습니다. 그러나 학생 대부분은 숫자가 오로지 인간의 머릿속에서만 존재한다고 생각합니다. 연습 문제는 이러한 생각에 대해 다시 한 번 신중하게 검토할 것을 제안합니다.

1. 생각 더하기 1에서 수와 수학적 개념에 대한 한 가지 접근 방법은 대부분 약속의 산물이거나, 약속으로 정의된다고 주장하는 '약속설conventionalism'입니다. 즉 수학자끼리 어떤 기본 개념에 어떤 의미를 부여하기로 합의하는 것이지요. 이 이론은 분명 플라톤의 입장과 크게 동떨어져 있습니다.

2. 플라톤은 본질에서 자연수를 연속적인 숫자의 집합이라 생각하지 않았습니다. 이 문제를 어떻게 해결하든 관계없이, 수학적 개념이 스스로 존재하는지 아니면 누군가 생각해야만 존재할 수 있는지의 문제는 형이상학에서 여전히 풀리지 않는 문제입니다.

3. 일반적으로 어떤 대상의 존재를 확실히 보장하기 위해서는 인간이 그 대상에 대해 생각해야 한다는 요건이 필요할까요? 어떤 대상의 존재를 증명하기 위해서는 그것에 대해 생각하는 인간의 정신이 필요하다는 이론은 질문 #14를 참조하세요.

숫자와 인간은 같은 방식으로 실재할까?

아리스토텔레스 Aristotle: 『형이상학 Metaphysics』

'숫자 5'와 한 '농구팀'을 비교해봅시다. 둘은 같은 방식으로 실재할까요? 아리스토텔레스의 가장 근본적인 원칙 중 하나는 '존재는 여러 가지 방식으로 설명할 수 있다'입니다, 연습 문제는 실재의 다양한 형태를 어떻게 설명할 수 있는지 보여줍니다. 일부 항목은 너무 추상적이어서 쉽게 이해할 수 없지만요.

1. 이 장은 이 책에서 가장 추상적인 질문을 다룹니다. 그러나 학생들은 큰 관심을 보일 것입니다. 토론을 진행할 때는 여기 제시된 형이상학적 문제에 신뢰할만한 답을 찾기보다, 학생들이 서로 다른 실재를 머릿속에서 어떻게 인식하는지 밝히는 데 목적을 두어야 합니다.

2. 생각 더하기 1에서 만약 숫자가 영원하다면, 숫자처럼 영원한 존재는 유한한 존재보다 '더욱 실재'한다는 주장이 가능합니다. 이 입장은 영속적인 존재가 그렇지 못한 존재보다 어떤 점에서는 '우월하다'는 믿음을 근거로 합니다. (하지만 이 입장을 택하려면 격렬한 반대 의견에 대비해야 합니다!)

3. 생각 더하기 2에서 인간이 돌보다 더 복잡하다면(즉 더욱 뚜렷한 특성이 있었다면), 돌보다 '더 실재한다'고 주장할 수 있습니다. 이 입장은 복잡성을 가진 존재가 그렇지 못한 존재보다 높은 수준으로 실재한다는 믿음에 근거합니다.

4. 학생들이 이 질문에 흥미를 느낀다면, 몇몇 학생들에게 실재에 대해 정의해 보게 합니다. 이렇게 나온 답변을 칠판에 적은 다음, 다른 친구들에게 이 정의에 대해 비판적으로 평가하게 합니다.

우리가 시계를 볼 때는 시간을 보는 것일까?

성 아우구스티누스 St. Augustine:『고백록 Confessions』

시간은 우리의 일상을 구성하는 재료입니다. 하지만 우리는 시간이 무엇인가에 대해 생각하는 일이 드뭅니다. 아우구스티누스는 시간이 정신 속에서만 존재한다고 주장했습니다. 학생들은 연습문제를 통해 이러한 입장이 옳은지 생각해볼 수 있습니다.

1. 이는 학생들이 매우 선호하는 주제입니다. 학생들은 아우구스티누스의 입장이 옳지 않다고 확신하지만, 그 이유는 잘 설명하지 못합니다. 이 경우 많은 학생이 공룡 화석을 예로 들어 설명합니다. 공룡이 멸종했다면 공룡 화석은 시간이 우리의 정신 밖에서도 존재할 수 있다는 증거가 아닐까요? 하지만 답은 '그렇지 않다'입니다! 화석 기록은 반드시 해석되어야 하고, 해석하는 주체는 인간의 정신이기 때문이지요. 공룡이 '수백만 년 전에' 멸종했다고 인간이 말하는 순간, 이 길고 긴 시간이 인간의 정신 속에 존재하게 되는 것입니다! 아우구스티누스도 공룡이 한때 존재했지만, 지금은 멸종했다는 사실을 부인하지는 않을 것입니다. 그는 공룡이 지구 위를 활보하던 시절에는 그 모습을 지켜볼 인간이 없었기 때문에 시간도 존재하지 않

았다고 주장하겠지요. (공룡의) 움직임과 시간은 실재뿐만 아니라 형이상학에서도 서로 뚜렷이 구분되는 개념이지요!

2. 생각 더하기 2는 매우 중요한 문제이며, 시간에 대한 아우구스티누스의 설명이 불완전하다는 점을 암시합니다. 그러나 아우구스티누스와 달리 시간을 전적으로 인간이 만들어 낸 개념이 아니라고 생각한다면, 태초부터 시공간 연속체의 구성요소로 '주어진' 것으로 보아야 합니다. 과학에 관심이 많은 학생은 이 질문을 흥미로운 탐구 주제로 여길 것입니다.

3. 시간의 개념을 설명하는 현재의 접근법에 대한 논의는, 1999년 12월 27일 〈타임Time〉지에 실린 마이클 D. 레모닉의Michael D. Lemonick의 '시간의 수수께끼The Riddle of Time'기사를 참조하세요.

우주가 빅뱅으로 생겼다면, 빅뱅은 무엇으로부터 생겼을까?

성 토마스 아퀴나스 St. Thomas Aquinas: 『신학대전 Summa Theologica』

아퀴나스는 우주의 모든 질서는 그 창조자(하느님) 없이 존재할 수 없다고 주장하면서, '빅뱅' 이론을 간접적으로 예언하고 비판합니다. 연습문제는 빅뱅 이론이 불완전한 이유를 명백히 보여줍니다. 아퀴나스에 따르면 빅뱅의 물질은 전지전능한 존재인 하느님에 의해 창조되어야 하기 때문이죠.

1. 평행 우주라는 장치는 인간이 아직 등장하지 않은 우주에서 시간의 본질에 의문을 제기합니다. 성 아우구스티누스를 따르면 그런 우주에는 시간이 존재하지 않게 됩니다! 질문 #25와 #26은 서로 밀접한 관련이 있으므로 연이어 살펴보면 더욱 흥미로울 것입니다.

2. 신과 관련한 주제를 다룰 때는 학생들이 감정적으로 반응할 수 있으므로 주의해야 합니다. 토론할 때는 철학적 문제에만 집중하고, 다른 친구의 종교적 신념에 영향을 주려 해서는 안 된다고 강조하세요.

3. 생각 더하기 1의 답은 실질적으로 생각 더하기 2에서 얻을 수 있습니다.

그러나 생각 더하기 2로 넘어가기 전에 학생들에게 이 문제에 스스로 생각하게 하세요.

4. 학생들은 '그러면 하느님은 누가 창조했나?'라는 질문을 하는 경우가 많습니다. (아퀴나스가 말한 바로는) 답은 '누구도 신을 창조하지 않았다'입니다. 하느님은 과거에도 현재에도 미래에도 언제나 존재하기 때문입니다. 영원불멸성이 바로 하느님의 특성이라고 할 수 있지요. 또한 엄격하게 말해 이 질문은 요점을 벗어납니다. 아퀴나스의 다섯 논증은 하느님의 존재를 증명하는 것이 목적이며, 하느님의 본질을 철저히 파헤치려는 의도가 아닙니다. 그러나 아퀴나스의 논증에 토론을 하다 보면, 학생들이 하느님의 본질에 의견을 나누고 싶어 할 수 있습니다. 이때 교사는 하느님의 존재와 하느님의 본질을 명확히 구분해야 합니다.

참고로 아퀴나스는 신학 대전에서 상당한 분량을 하느님의 본질을 설명하는 데 할애합니다. 학생들 또한 이 주제에 관심을 가지는 것은 매우 당연합니다. 그러나 철학에서는 모든 것을 한 번에 설명할 수 없습니다. 신의 존재에 관한 질문은 신의 본질에 관한 질문과 분리되어야 하겠지요.

5. 생각 더하기 3의 물질이 영원하다면, '우주의 질서에서 나오는 증거'는 큰 타격을 받게 됩니다. 우주론자들은 오랜 시간이 흐르면 영원한 물질이 우주처럼 복잡한 것을 무작위로 형성할 수 있다고 주장합니다. 만약 그렇다면, 신은 독창적인 우주 설계도를 제시할 필요가 없어집니다. 이 문제는

지금도 전문가들 사이에서 열띤 논쟁을 불러일으키고 있습니다. 이 문제를 풀겠다고 기대하기보다, 학생들이 이 주제에 대한 생각을 명확히 정리하는 것으로 만족하세요. (이는 언제나 학생들이 가장 좋아하는 주제입니다.)

지금의 나와 5년 전의 나는 같은 사람일까?

존 로크 John Locke
『인간의 이해에 관한 논문 Essay Concerning Human Understanding』

그렇기도 하고 아니기도 하겠지요. 같은 점이 무엇이고 달라진 점이 무엇인지 명확히 구분하는 것이 관건입니다. 로크의 대답은 의식과 자아인식에 대한 이론과 관련이 있습니다. 연습문제는 이러한 인식에 대한 감각을 기르는 것이 목적입니다.

1. 생각 더하기 1에서 로크라면 우리의 정신 속 기억이 얼마나 선명하거나 흐릿한지와 관계없이 기억의 '내용'에 따라 개인의 독특한 정체성이 결정된다고 답할 것입니다. 아무리 흐릿해도 기억은 기억이지요. 로크가 강조하는 것은 기억의 독특성입니다.

2. '내가 남들과 구별되는 유일한 존재인 까닭은 무엇인가?'라는 질문은 청소년이라면 언제나 관심을 두는 주제입니다. 자신에 대해 생각해보게 하기 때문입니다. 만약 학생들이 개인의 정체성에 대한 로크의 이론을 토론하고 싶어한다면 각자 의견을 발표하도록 합니다. 학생들은 로크의 이론을 기초로 자신만의 입장을 제시하고, 서로 평가하면서 비판적 사고력이 향상될 것입니다.

우리에겐 자유의지가 있을까?

토머스 홉스 Thomas Hobbes

이는 오랜 역사를 지닌 윤리학 문제로 몇 가지 근본적인 도덕 문제(예를 들어 인간은 자신의 행동에 책임을 져야 하는가?)에서 여전히 중요한 의미를 가집니다. 상식적인 대답은 '그렇다. 우리에게는 자유의지가 있다.'이지만, 연습문제를 풀다 보면 자유의지를 부정한 홉스의 견해를 받아들이게 될지도 모릅니다.

1. 생각 더하기 2를 봅시다. 홉스는 처벌에 대해, 비록 자유의지가 없다는 입장에서는 정당하지 못한 면이 있지만, 제지 효과가 있는 한 여전히 사회에 도움이 된다고 주장합니다. 다시 말해 정당하지 못한 행동을 하고 싶은 충동을 느끼는 사람도 그 행동을 하다가 적발되었을 때 받을 사회적 처벌을 생각하면, 하지 않기로 결정할 수 있다는 뜻이지요.

2. 이 질문의 도입부에는 새뮤얼 존슨의 인용문이 등장합니다. 자유의지에 대한 논의 없이 단순히 확신하는 것이 철학적 가치가 있는지 학생들에게 물어보세요. 만약 내가 자유의지가 있다고 느낀다면, 이 감정은 내게 실제로 자유의지가 있다는 믿음을 정당화하는 충분한 증거가 될까요?

모든 사물은 서로 의존할까?

게오르크 헤겔 Georg Hegel: 『논리의 과학 Science of Logic』

사회에 잘 적응한 사람이라면, 자신의 행복은 물론 생존을 위해서도 수많은 사람과 사물의 도움을 받아야 한다는 것을 알고 있습니다. 그 의존의 범위에는 한계가 있을까요? 헤겔은 세상 모든 것이 근본적인 차원에서 다른 것들과 연결되어 있으므로 철학자들은 이러한 관계를 발견하고 설명해야 한다고 말합니다. 연습문제는 이 추상적이지만 아름다운 이론을 학생들에게 이해시키는 것이 목적입니다.

1. 생각 더하기 1에서 헤겔의 입장은 우리가 세상 모든 것에 대해 알아야 한다고(또는 어떤 한 가지에 대해 알기 위해서는 모든 것을 알아야 한다고) 요구하지 않습니다. 특정 존재의 실재는 이 존재의 개별성이 다른 모든 차원의 실재에 연결되도록 정의되어야 한다는 것입니다. 그러니 어떤 인간도 세상에 존재하는 모든 것을 알 수 없다는 사실만으로, 전체성에 대한 헤겔의 형이상학적 관점을 반박할 수 없습니다.

2. 생각 더하기 2는 헤겔의 관점에서는 특정 존재에 참인 명제는 모두 부분적으로만 참입니다. 왜냐하면 이 명제는 그 존재와 다른 모든 존재 사이

의 관계를 분명히 설명하지 못하기 때문입니다. 이러한 접근법을 보통 '진리정합론coherence theory of truth'라 부릅니다. 가장 정확한 의미의 진실은 특정 사물이 다른 모든 사물과 어떻게 일관성을 갖는가를 증명한다는 뜻입니다. 하지만 대부분의 현대 철학자들은 진리정합론보다는 그 반대 이론인 '진리대응론correspondence theory of truth'(질문 #12 참조)이 '진리'라는 개념의 일반적 의미에 가깝다고 믿습니다. 또한 진리정합론은 진리대응론보다 반대 의견을 반박하기가 더 어렵다고 인식합니다.

불가능한 것이 가능할 수 있을까?

둥근 사각형이 불가능하다면, 빛의 속도보다 빨리 움직이는 것이 불가능한 것과 같은 이유로 불가능할까요? 연습문제는 가능성과 불가능성의 개념이 여러 가지 다른 의미가 있음을 보여줍니다.

1. 생각 더하기 1의 이 유명한 질문에 대해서는 이 장에 제시된 자료만으로도 충분히 평가할 수 있습니다.

2. 생각 더하기 2의 모순의 효과는 대단히 강력합니다. 그것은 진정한 의미의 자기 부정이기 때문입니다. '이 공은 빨간색이면서 빨간색이 아니다.'라는 문장을 봅시다. 그러한 공은 존재할 수 없기에 이 명제는 아무런 의미를 전달하지 못합니다. 만약 철학자가 모순을 저질렀다면, 그 철학자는 아무것도 말하지 않은 셈입니다! 누구나 그렇듯이 철학자 또한 자신의 견해를 다른 사람이 경청하고 의견을 말해주길 바랍니다. 철학자가 모순을 말한다면, 누구도 그 철학자의 말을 들으려 하지 않을 것입니다. 실제로 아무것도 말하지 않은 것이니까요!

철학자의 글에 모순을 증명하는 것은 철학적 비판의 가장 흔한 방법입니다. 철학 학술지(현재 이런 학술지는 200종이 넘습니다)에는 이러한 전략이 풍부하게 실려 있습니다.

왜 말과 글은 중요할까?

말장난은 재미있지만 일반적으로 말은 진지한 의사소통 수단입니다. 연습문제는 우리가 생각하고 말하고 글을 쓸 때 최대한 명확하게 표현해야 함을 강조합니다.

1. 이 연습문제는 교실에서 진행할 때 더욱 흥미를 유발합니다. 학생 한 명, 한 명에게 굵은 글씨로 쓰인 단어를 강조하여 명제 1을 읽게 합니다. 그리고 이렇게 강조하여 읽는 경우 명제가 어떤 의미가 있는지 물어봅니다. 칠판에 각각의 의미를 적어봅니다.

2. 이 연습 문제의 요점을 확장하는 의미에서, 학생들에게 단어의 위치가 부적절하여 뜻이 모호해진 예를 들게 합니다. 이를 '모호한 문장의 오류'라 부릅니다. (명제가 두 가지 의미로 해석될 수 있어 혼동을 주는 경우를 말합니다.) 이 오류는 잘못 배치된 단어나 구절 때문에 의미가 분명치 않고 모호하거나 우스워질 때 나타납니다. (『뉴요커^{New Yorker}』지는 기사 마지막에 이중적 의미가 있는 삽입구를 즐겨 사용합니다.)

다른 사람의 이야기를 언제나 경청해야할까?

이 질문의 답은 분명 '그렇다'인 것 같지만, 학생들은 특히 상대방이 자신과 상반된 견해를 갖고 있으면 집중하여 듣지 않으려 합니다. 연습문제는 학생들에게 민감한 논점을 이해하고 평가하게 도와줍니다.

1. 연습문제에 제시된 열 가지는 일반적으로 폭넓게 적용되는 화제이지만, 일부 학생들은 무조건 '아니오.'라고 답하기도 합니다. '예'라는 대답을 여섯 개 이상 했다면, 비교적 관심의 폭이 넓고 남들의 의견을 경청하는 학생이라고 보아야지요. 주제에 직접 관심이 없을 때도 다른 사람의 말을 경청해야 한다는 요점을 주지시켜야 합니다.

2. 학생들은 연습문제에 제시된 몇몇 의견을 토론하고 싶어 할지도 모릅니다. 질문 #32의 궁극적인 목적은 다른 사람의 말을 경청하는 것이 장기적으로는 자신에게도 이익이라는 사실을 이해시키는 것입니다. 토론을 진행할지 여부는 교사의 재량에 달려 있습니다.

사람을 비판해야할까, 의견을 비판해야할까?

토론을 할 때는 의견을 말한 사람과 그 의견을 구분해야 합니다. 어떤 문제에 의견을 말한 사람을 공격하기보다, 그 사람의 의견을 객관적으로 평가해야 합니다.

1. 학생들에게 세 쌍의 대화에서 논의되는 주제가 무엇인지 생각하게 합니다. 메리, 아돌프, 제니의 진술을 주의 깊게 읽어보고, 빌, 조세프, 질이 이 진술에 대해 어떻게 반응하는지도 유심히 살펴봅니다.

2. 이 세 가지 대화는 공통으로 응답자가 '인신공격의 오류'를 범합니다. 즉 응답자는 토론의 요점이 아닌 그 말을 하는 사람에게 비판적 공격을 하고 있습니다. 사람을 공격하는 것과 그 사람의 의견을 비판적으로 평가하는 것을 확실히 구분하기 위해, 다른 예를 추가로 제시합니다.

3. 생각 더하기 2의 인신공격은 정치인들 사이나, 소송과정에서 흔히 사용하기도 합니다. 논점을 확장하여 '인신공격'이 유용하게 쓰이는 상황에 대해 의견을 나누어보세요. 흥미롭고 의미 있는 토론이 될 것입니다.

'왜냐면'이라는 말은 왜 중요할까?

비판적 사고를 위해서는 '왜냐면'이라는 단어에 대한 확실한 이해가 필요합니다. 연습문제는 학생들이 큰 관심을 두는 '총명함'을 설명할 때 '왜냐면'이라는 단어가 어떤 기능을 하는지 보여줍니다.

1. '설명'과 유사한 의미를 가지는 단어인 '이유^{reason}'는 전제에서 결론을 이끌어내는 추론^{reasoning}과 구분됩니다. 즉 무언가에 대한 이유를 제시하는 데 추론과정이 반드시 포함되는 것은 아닙니다. 그러나 주어진 이유(설명이라는 좁은 의미)가 타당하다는 것을 증명하기 위해서는 언제나 추론(논리라는 폭넓은 의미)이 필요할 것입니다.

2. 학생들의 흥미를 자극하고 토론으로 연결될 수 있을만한 이유를 선택합니다. 또한 총명함을 적절히 설명하려면 다른 이유가 더해져야 하는지 학생들에게 물어봅니다. 학생들이 연습문제에 나오거나 자신이 생각한 이유로 총명함을 설명하다 보면 흥미로운 토론이 될 것입니다. 이 토론은 분명 합의에 이르지 못하겠지만(사실 철학에서 의견이 일치하는 경우가 드물지요), 학생들

에게는 복잡한 개념을 평가하는 법을 배우는 귀중한 경험이 될 것입니다. (질문 #3 역시 지능의 개념이 중요하게 취급되는 주제입니다.)

3. 심화 질문으로, 학생들에게 "'왜'라는 말은 왜 중요할까?'라는 질문을 해봅시다. '왜'로 시작되는 문장은 보통 어떤 대상에 대한 의문을 표시합니다. 즉 철학을 탐구하는 과정에서 흥미를 유발하는 단어의 일종으로, '왜'라는 단어는 아주 중요하지요!

사건의 원인을 밝히기는 쉬울까?

사람은 모든 사건에 원인과 결과를 설명하려 합니다. 그러나 우리는 제대로 생각하지 않고 표면적인 원인에만 집중하기도 합니다. 이것이 바로 '잘못된 인과관계의 오류'입니다. 연습문제는 사례를 통해 인과 관계를 말할 때는 보다 신중해야 함을 가르칩니다.

1. 아홉 개 사례의 이면에 놓인 규칙을 찾아보도록 합니다. 학생들은 규칙을 금방 찾아낼 것입니다. 그다음에는 각각의 문장 속에 언급된 인과 관계가 적절한지 평가하게 합니다.

2. 학생들에게 생각 더하기 1에 제시된 분야에 순위를 매기게 하면, 예상을 뒤엎는 답변이 있을 수 있습니다. 인과관계를 확실히 파악할 수 있는 분야에 대한 학생의 생각은 개인마다 크게 다릅니다. 학생들이 매긴 순위를 표로 만들어, 그렇게 평가한 이유를 토론할 수 있습니다. 이러한 토론으로 학생들은 인과관계의 원칙에서, 지식과 의견의 차이를 이해하게 될 것입니다.

많은 사람이 진실이라고 믿는다면, 그것은 진실일까?

이 장은 '군중에의 호소'(많은 사람이 진실이라고 믿는다는 이유만으로 진실이라고 생각하는 오류)라는 논리적 오류를 설명합니다.

1. 학생들이 연습문제에 제시된 의견을 믿는지를 묻는 것이 아니라, 얼마나 많은 사람이 이 의견을 믿을 거로 생각하는지에 대한 질문임을 강조합니다. 학생들은 각 의견을 살펴보고 그 의견에 대한 일반적인 반응을 근거로 답변을 선택할 것입니다.

2. 생각 더하기 1은 의견의 '내용'과 이 내용에 대한 사람의 '반응'을 구분하는 것이 목적입니다. 예를 들어 마이클 조든은 매우 뛰어난 운동선수이므로, 사람은 그의 성취에 대해 자신이 보고 느낀 대로 반응할 것입니다. 그에 반해 하느님은 눈에 보이지 않기 때문에(보통은 상상 속에 존재합니다.), '하느님은 존재한다.'라는 의견은 다른 차원의 경험에 따른 반응입니다.

3. 생각 더하기 2의 논점은 생각 더하기 1과 마찬가지로, 의견의 내용과 그

내용에 대한 사람의 반응을 구분하는 문제입니다. 만약 의견이 인간의 행동이나 태도와 관련이 있다면, 사람이 의견에 반응하거나 인식하는 방법에 따라 의견의 진실 여부가 결정됩니다. 그렇다면 '연습을 하면 언제나 완벽해진다.'의 경우도 그럴까요? 인간이 노력으로 얼마나 완벽해질 수 있는가는 타고난 능력에 따라 한계가 생길 수밖에 없습니다.

악을 악으로 값는 것은 정당할까?

이 장은 '피장파장의 오류'라는 논리적 오류를 설명합니다. 이는 학생들이 매우 즐겨 사용하는 자기 합리화 전략입니다. ("저 애도 똑같이 했다구요!")

1. 다섯 사례를 전체적으로 검토해야만 그 이면에 놓인 규칙을 찾을 수 있습니다. 학생들이 규칙을 찾지 못한다면, 생각 더하기 4에 답이 설명되어 있습니다. 질문 #37의 전반적인 논점을 이해하기 위해 이 규칙을 명확히 밝혀야만 하는 것은 아닙니다.

2. 다섯 사례에서 '~해도 괜찮다'라는 말은 '도덕적으로 수용할 수 있다.'라는 의미임을 강조합니다. 여기에서 논점은 '나라면 이 상황에서 어떻게 하겠는가?'가 아니라, '어떻게 하는 것이 옳은가?'입니다.

3. 만약 학생들이 예시 5의 상황은 '악을 악으로 값는다고 선이 되지 않는다'에 해당하지 않는다고 주장하면, 그 이유를 제시하게 합니다. 도덕에서 결과를 중시하는 입장을 강조하는 토론이 될 것입니다. '악을 악으로 값

는다고 선이 되지 않는다'의 원칙은 있는 그대로 적용해 우리나라가 침략을 받았다면, 그 결정이 도덕적으로 옳았다고 확신하기 어렵습니다. (이 사례와 관계있는 도덕성에 대한 논의는 질문 #6을 참조하세요.)

생각 더하기 3의 논의는 명확한 결론 없이 끝이 납니다. '악을 악으로'는 많은 상황에서 인정되는 도덕적 원칙이지만, 모든 경우에 적용되는 고정불변의 법칙이 아님을 이해해야 합니다.

5. 이 오류의 논리적 기능은 비폭력적인 수단으로 폭력을 바로 잡아야 한다는 질문 #8의 논점으로 설명할 수 있습니다. 만약 특정 집단의 사람이 부당한 대우를 받고 폭력으로 억압을 당했다면, 이들은 상대방에게 똑같이 대응할 권리를 갖게 될까요? 이 경우에는 악을 악으로 갚는 것이 정당화될까요?

"나는 거짓말을 하고 있다." 이 말은 진실일까거짓일까?

'거짓말쟁이의 역설'로 알려진 이 유명한 문장은 2천 년의 역사를 지닌 논리적 역설입니다. 오늘날까지도 조금씩 변형되어 수수께끼로 이용되고 있습니다. (이 역설은 아이들을 미치게 합니다. 21세기 철학자들도 꽤 머리를 써야 해결할 수 있는 문제니까요.) 연습문제는 참과 거짓인 명제의 기본적인 구분 방법과, 의미와 지시 사이의 차이점을 소개합니다.

1. 본문에서는 이 역설을 매우 간단하게 설명하지만, 논리적 해결방법을 충분히 보여줍니다.

2. '역설'이라는 단어에는 여러 가지 의미가 있지만, 그중 대부분은 엄격한 논리적 의미로 쓰이지 않습니다. 그러나 '거짓말쟁이 역설'에 나타난 역설의 성격은 매우 명백하고 정확하기에, 논리학자와 철학자들이 진지하게 연구할 가치가 있다고 여겼던 것이지요. 형이상학 분야에서 중요한 가치를 갖는 다른 역설은 질문 #11을 참조하세요.

3. 역할극에 참가하는 학생들은 문장의 완급을 제대로 전달할 수 있어야 합니다. 대사를 그저 속사포처럼 읊는다면 너무 밋밋하게 들리겠지요.

4. 생각 더하기 4에서 실제적인 추론이든 이론적인 추론이든 우리가 하는 추론은 대부분 둘 이상의 전제를 포함하지만, 사실 단 한 가지 전제로도 추론은 가능합니다.

5. 학생들이 의미와 지시 사이의 차이를 확실히 이해했다면, 이번 장에서 소개한 거짓말쟁이의 역설은 그 목적을 달성한 셈입니다. '당신의 의미는 무엇입니까?What do you mean?' 또한 같은 취지의 문장으로, 질문이 지시하는 대상뿐 아니라 문장의 의미를 명확히 알아야만 답할 수 있습니다.

논리적이면서 말이 안 될 수 있을까?

'타당성validity**'**이라는 기본적인 논리 개념을 소개합니다. 타당성이란 비록 그 내용은 기이하거나 말이 안 되더라도 논리적으로는 올바른 논증을 가리키는 형식적인 조건을 뜻합니다. 이 장에서 제시하는 사례는 다소 추상적인 이 개념을 재미있게 이해하도록 돕습니다.

1. 논리학에서 추론이란 보통 전제가 되는 명제(즉 문장들)들을 연결하여 새로운 정보의 결론을 추출하는 과정을 말합니다.

2. 이 연습문제는 문장의 내용보다 형식에 초점을 맞춘다는 점을 강조합니다. 논리학에서 타당성의 개념은 명제의 내용을 추상화하는 과정과 명제의 형식적 구조에 달려 있습니다. 연습문제를 진행하다 보면 '형식'의 개념이 자주 언급되고 설명됩니다.

3. 학생들이 '만약 ~이 참이라면'의 의미를 바로 이해하지 못해도 걱정할 필요는 없습니다. 이 논점은 토론 뒷부분에서 설명합니다.

4. 생각 더하기 1에서 추론은 온전하지 않아도 타당할 수 있습니다. 예시 2가 그 적절한 예입니다. 온전한 논증은 참인 전제(즉 예시 1)를 통해 타당한 논증을 하는 것입니다. 그러므로 모든 온전한 논증은 타당하지만, 모든 타당한 논증이 온전한 것은 아닙니다.

5. 생각 더하기 2에서 일반적으로 우리는 참인 명제를 산출하기 위해 추론을 합니다. 그저 타당한 추론만을 원하는 것은 아니며, 타당한 동시에 온전한 추론을 원합니다.

6. 생각 더하기 3은 류를 부적절하게 배열하거나 연결하면 얼마든지 타당하지 못한 추론이 될 수 있음을 보여줍니다. 예를 들면 이런 추론을 생각해 봅시다.

모든 고양이는 동물이다.
모든 개는 동물이다.
따라서 모든 고양이는 개다.

학생들에게 이 논증에서 잘못된 점이 있는지 물어봅시다. (모든 고양이의 류와 모든 개의 류를 결합한다고 해서 동물의 류를 없앨 수는 없습니다. 따라서 형식적으로 틀린 문장이므로, 이와 같은 논증은 내용과 관계없이 모두 타당하지 못합니다.)

왜 용어를 정의하는 것이 중요할까?

이 책의 마지막 연습문제에서는 용어를 정의하는 것에 어떤 의미가 있는지 살펴봅니다. 네 가지 유형의 정의를 설명하고, 이러한 유형에 해당하는 사례들을 소개합니다.

1. 네 가지 유형의 정의를 설명하는 예로서 더 적절한 것이 있다면 얼마든지 바꾸어도 좋습니다. 이 문제의 목적은 여러 가지 정의의 차이점을 이해하고, 각각의 유형에 해당하는 사례를 찾는 것입니다. 따라서 사례의 내용보다는 정의의 유형을 이해하는 것이 더 중요합니다.

2. 답은 다음과 같습니다.

약정적 정의 = 블랙홀

사전적 정의 = 켄타우루스

이론적 정의 = 열

설득적 정의 = 자본주의

3. 표준 사전 두 권을 골라 중요한 철학 용어(예컨대 정의, 시간, 우정 등)의 정의를 찾아봅시다. 학생들에게 두 사전에 제시된 정의를 비교한 다음 비판적 사고를 통해 철학적으로 평가하게 합니다. 어렵긴 해도 매우 흥미로운 활동입니다. 용어의 의미에 대한 논쟁을 해결하기 위해서는 학생들은 자주 사용하는 참고서를 비판해야 하기 때문입니다.

추천 철학 도서

철학에 대해 더 알고 싶은 학생들에게 다음의 책들을 추천합니다.

• **소피의 세계: 소설로 읽는 철학**Sophie's World: A Novel about the History of Philosophy

요슈타인 가아더Jostein Gaarder, 현암사, 1996

  세계적 베스트셀러인 이 작품은 철학과 허구적 이야기를 멋지게 엮은 책으로, 어린 소녀와 다정하고 신비스러운 철학 선생님의 모험을 그린 소설입니다. 고대 그리스부터 시작하여 철학의 역사 전체를 조망하였고, 정확하고 아름다운 문체도 주목할 만합니다. 이야기 곳곳에는 철학의 발전 과정과 관련한 문화, 사회, 종교적 요인을 소개하고 있습니다. 철학에 대해 더 많이 알고 싶은 학생들에게 강력히 추천합니다.

• **철학 이야기: 위대한 철학자들의 생애와 사상**The Story of Philosophy: The Lives and Opinions of the Great Philosophers

윌 듀랜트Will Durant, 동서문화사, 2007

  철학의 역사에 대해 매우 쉽고 정확하게 설명하는 책입니다. 주요 철학자들에 대한 설명도 수록되어 있습니다. 개괄적인 설명 위주의 '소피의 세계'와 비교하면, 철학에 대해 좀 더 자세하고 깊이 있게 검토하는 책입니다.

• 철학의 문제들^{The Problems of Philosophy}

버트런드 러셀^{Bertrand Russell}, 이학사, 2000

20세기의 가장 위대한 수학자이자 철학자가 쓴 이 유명한 책은 고대 그리스 시대 이후 철학자들의 관심을 끌어 온 주요 문제들(현상과 실재, 진실과 거짓, 지식과 의견 등)에 대해 명쾌하게 설명합니다. 이 책의 끝 부분에는 철학의 가치를 소개하는 장도 있습니다. 러셀은 신랄한 위트를 갖춘 인물이었지만, 이 책에서는 위트를 자제하고 다양한 어조의 산문체를 사용하여 철학적 문제들을 명확하고 심오하게 분석합니다. 고학년 학생(또는 어리지만 총명한 학생)들에게 추천합니다.

• 비합리적 인간: 실존철학 연구^{Irrational Man: A Study in Existential Philosophy}

윌리엄 바레트^{William Barrett}

실존철학은 20세기 철학의 가장 중요한 사조 중 하나입니다. 바레트의 '실존철학 연구'는 주요 실존주의 철학자인 키에르케고르^{Kierkegaard}, 니체^{Nietzsche}, 사르트르^{Sartre}, 하이데거^{Heidegger}에 대해 가장 명확하고 쉽게 접근한 책으로 알려졌습니다. 또한 이 책에는 상당한 분량을 할애하여 실존주의 철학의 발생 배경에 대해서도 자세히 분석합니다. 바레트의 문체는 명료하며, 실존주의자들이 여러 철학적 문제들을 분석한 방식에 대해 지지와 공감을 표합니다. 학생들이 러셀과 바레트를 모두 읽고 그 내용을 다소나마 이해했다면, 철학적 문제들과 그 문제에 대한 실존주의자들의 견해에 대해 튼튼한 기초를 다진 셈입니다.

• 퍼즐과 함께하는 즐거운 논리What is the Name of this Book? The Riddle of Dracula and other Logical Puzzles

레이먼드 스멀리언Raymond Smullyan, 문예출판사, 2001

수백 가지 논리 퍼즐과 역설을 통해 많은 철학적 문제를 재치 있게 소개하는 '재미있는' 책입니다. 스멀리언은 탁월한 유머감각을 발휘하여 이해하기 쉽게 서술합니다. 논리와 비판적 사고를 좋아하는 학생이라면 이 책을 재밌게 읽을 수 있습니다. 물론 논리와 언어에 대한 다양한 지식도 얻을 수 있고요. 일부 까다로운 퍼즐과 역설은 상급 학생들에게 적합하겠지만, 대부분 어린 학생들(또한 호기심 많은 성인들!)도 충분히 읽고 즐길 수 있는 문제들입니다.

• 이 이 책의 제목에는 두 가지 오류가 있다: 철학 퍼즐과 역설, 논리 문제 모음집

There are Two Errors in the the Title of this Book: A Source Book of Philosophical Puzzles, Paradoxes, and Problems

로버트 M. 마틴Robert M. Martin

마틴의 책은 기초적인 철학 문제와 개념을 중심으로 구성되어 있습니다. 퍼즐과 역설에 대한 설명은 스멀리언의 책보다 대체로 길고 자세합니다. 제시된 문제와 관련한 철학자들의 입장도 소개하고 있어, 퍼즐과 역설의 배경 이론을 알고 싶어 하는 독자들에게는 유용한 지식이 될 것입니다. 서술 방식은 명확하며 아이러니도 종종 등장합니다. 그러나 철학의 근본적인 문제들을 소개하기 때문에 문제는 조금은 어렵습니다. 스멀리언의 책을 흥미롭게 읽은 학생들은 마틴의 책에 기대할 만합니다. (책 제목의 '이 이'는 오타가 아닙니다!)

• 열린 사고와 일상 속의 추론Open Minds and Everyday Reasoning

재커리 시치Zachary Seech

폭넓은 독자층을 겨냥한 논리학 입문서입니다(캘리포니아의 한 중학교에서 현장 테스트를 거쳤습니다). 문체는 단순하고 정확합니다. 시치는 논증, 전제, 결론, 타당성 등 기본적 논리 개념을 학생들도 혼자서 공부할 수 있도록 쉽게 서술하였습니다. 비형식적 오류에 대해 특히 훌륭하게 설명하고 있어 '청소년을 위한 철학'의 비판적 사고 부분을 공부할 때 보충자료로 활용할 수 있습니다. 독학을 좋아하는 고학년 학생들에게 추천합니다.

• 어린 왕자The Little Prince

앙투안 드 생텍쥐페리Antoine de Saint-Exupery, 세상모든책, 2013년 등 다수

시대를 초월한 이 걸작은 여러 가지 차원에서 독자들에게 많은 깨달음을 주지만, 철학적으로도 큰 의미가 있는 작품입니다. 어린 왕자, 여우, 뱀, 장미, 비행사의 관계를 보면서 우리는 우정, 사랑, '타자'를 대하는 문제 등에 대해 많은 생각을 하게 됩니다. 문학이나 이야기 속에 등장하는 철학적 주제에 대해 깊이 생각해보길 원하는 학생들에게 적극적으로 추천합니다.

• 이방인The Stranger

알베르 카뮈Albert Camus, 부북스, 2013년 등 다수

어린 왕자나 해리 포터와는 전혀 다른 세계를 담은 20세기의 고전입니다.

주인공(또는 반영웅) 뫼르소는 어떤 대상에 대해서도 깊은 감정을 갖지 않은 채 자신만의 세계를 살고 있습니다. 그러던 그가 삶과 죽음을 가르는 복잡한 상황에 부닥치면서, 철학적으로 중요한 몇 가지 사실을 깨닫게 됩니다. 저명한 프랑스 실존주의자의 사상에 대해 알고 싶어 하는 상급생(또는 어리지만 성숙한 학생)에게 추천합니다.

• 비밀의 숲 테라비시아 Bridge to Terabithia

캐서린 패터슨 Katherine Paterson, 대교출판, 2007 등 다수

초등학교 고학년을 겨냥하여 쓴 이 유명한 소설은 우정, 자아의 발견, 성차별, 죽음의 본질에 대한 문제를 제기합니다. 4학년짜리 소년이 가족들의 기대에 부응하지 못하는 좌절감을 극복하고, 여자아이의 우정을 받아들이는 법을 배우며, 상상력의 중요성을 깨닫는 과정을 그립니다.

• 천둥아, 내 외침을 들어라 Roll of Thunder, Hear My Cry

밀드레드 D. 테일러 Mildred D. Taylor, 내인생의책, 2004

이 책의 중심인물은 농장을 운영하며 사회적, 경제적 성공을 위해 노력하는 한 흑인 가족입니다. 대공황 시대를 배경으로 한 이 소설에는 인종차별을 인상적으로 묘사하는 장면이 자주 등장합니다. 백인 학교에서 버려진 교과서를 억지로 받게 된 어린 '리틀 맨'의 분노를 묘사하는 장면이 특히 강한 인상을 남깁니다. 인간의 존엄성, 공정성, 가난, '옳은' 행동, 인종 간의 갈등 문제를 탐구할 수 있습니다.

• 제멋대로 이지 Izzy Willy Nilly

신시아 보이트 Cynthia Voigt

친구들 사이에서 인기가 많던 10대 소녀 이지는 어느 날 사고로 다리 한 쪽을 잃게 됩니다. 상실을 경험한 이지는 가족과 친구들이 자신의 감정을 얼마나 잘 이해할 수 있을지 의문을 가집니다. 이 소설에서는 우정의 본질과 삶의 역경을 헤쳐나려는 노력을 배울 수 있습니다.

• 해리 포터와 마법사의 돌 Harry Potter and the Sorcerer's Stone

J. K. 롤링 J. K. Rowling, 문학수첩, 1999

어린 해리 포터는 미래의 마법사일 뿐 철학자는 아닙니다. 하지만 해리는 많은 철학적 개념과 퍼즐, 역설이 가득한 세계에서 살고 있습니다. 생생한 인물 묘사와 복잡하게 얽힌 줄거리는 물론, 해리와 친구들이 호그와트 스쿨에서 마법사 훈련을 받는 과정에서 겪는 신비하고 놀라운 경험들은 무척 흥미롭습니다. 이 소설은 윤리(선을 행하는 것보다 힘을 얻는 것이 중요한가?), 인식론(유령과 괴물의 존재를 어떻게 인식할 것인가?), 형이상학(주문을 외우면 어떤 일이 일어나는가?)을 비롯하여 수많은 철학적 딜레마들을 자연스럽게 제시하고 있습니다. 해리의 놀라운 마법의 세계에 빠져들다 보면 이러한 철학적 질문에 대해서도 자연스럽게 탐구할 수 있을 것입니다!

• 화씨 451 Fahrenheit 451

레이 브래드버리 Ray Bradbury, 황금가지, 2009

공상과학 소설들이 대개 그러하지만, 이 유명한 고전 소설은 특히 풍부한 철학적 사고의 장을 제공합니다. 기술의 영향력, 행복의 본질, 감정의 중요성, 외부인의 지위('책 인간'), 사상을 통제하는 것이 과연 옳은가의 문제 등 수많은 철학적 논점이 인상적으로 제시됩니다.

• **골목길이 끝나는 곳**Where the Sidewalk Ends

쉘 실버스타인Shel Silverstein, 보물창고, 2008

이 책에 실린 독특하고 다소 우울한 시들은 학생들의 감성을 깊이 자극하고 심오한 생각으로 이끌어 줄 것입니다. 〈새터데이 리뷰Saturday Review〉는 이 책에 대해 '따뜻하고, 재미있고, 감상적이며, 때론 철학적이고, 우스꽝스럽다. 모든 연령대를 위한 책이다.'라고 소개했습니다. 가치, 우정, 그리고 '골목이 끝나는 곳'을 뛰어넘는 진실 등 다양한 철학적 문제를 만나고 싶은 학생들에게 추천합니다.

용어 해설

'청소년을 위한 철학'에 등장하는 주요 용어의 정의를 소개합니다. 몇몇 용어('의미', '추론', '진실' 등)는 철학자들 간의 의견이 일치하지 않으므로, 다양한 방식으로 정의할 수 있습니다. 정의 내용 중에서 굵은 글씨로 표시된 단어는 별도로 정의가 제시된 용어입니다. 참고: 필요한 경우 각 용어의 정의 끝 부분에 이 용어가 중요하게 다루어지는 질문들을 표시하였습니다.

• **가정**assumption: 어떤 **추론**이나 이론의 형성 과정에서 증명할 필요 없이 철학자가 '당연한 사실'로 받아들이는 **명제**.

• **개념**concept: 사고와 추론의 기본 요소. 인간의 정신으로 생각할 수 있는 폭넓은 의미의 관념. '정의', '우정', '노력', '시간'은 모두 개념의 예입니다. 철학자들은 개념의 의미를 분석하기 위해 많은 노력을 기울입니다.

• **결론**conclusion: 논리학에서 전제를 통해 추론을 통해 이끌어낸 결과. 명제에 언급된 논점으로, 논증을 통해 증명하려는 대상. (질문 #39 참조.)

• **경구**aphorism: 삶에 대한 진실을 전달하는 짧고 간결한 명제. (질문 #3 참조.)

• **공리주의**utilitarianism: 행복이 고통이 없는 상태와 쾌락을 의미하며, 최대 다수의 최대 이익을 뜻한다는 윤리학의 입장. (질문 #6 참조.)

• **구분**distinction: 복잡한 개념을 규모가 작거나 쉽게 이해할 수 있는 부분으로 분석하거나 나누는 것. 예컨대 정의正義는 개인과 개인 간의 관계에 대한 문제 인지, 아니면 인간이라는 류 전체에 관한 문제인지에 따라, 개인적 정의와 사회적 정의로 나눌 수 있습니다.

• **논리학**logic: 내용보다는 형식적 구조의 측면에서 옳은 추론과 그른 추론을 연구하는 학문. (질문 #39 참조.)

• **논박**refutation: 이론적 지위에 대한 논박이란 추론이나 반례를 통하여 주어 진 철학적 입장이나 정의가 거짓임을 증명하는 것을 말합니다. (질문 #1, 질문 #33 참조.)

• **논증**argument: 전제에서 결론으로 이어지는 추론의 기본 구조.

• **류**class: 같은 특성이 있는 사물들의 집단. 명제의 주된 구성요소가 되기도 합니다. '어떤 나무는 키가 크다'라는 명제에서 '나무'와 '키가 큰 것'은 각각

류에 해당합니다.

• **명제**proposition: 논증에서 의미를 전달하는 언어의 기본 단위.

• **모순**contradiction: 반드시 거짓일 수밖에 없는 명제. '이 공은 빨간색이다'와 '이 공은 빨간색이 아니다.'라는 전제를 '이 공은 빨간색이고 빨간색이 아니다'로 결합하면 모순이 생깁니다.

• **목적**end: 자연적 과정이나 행동의 의도된 (또는 의도되지 않은) 결과. 수단과 대비되는 개념입니다. 예컨대 도토리의 목적은 상수리나무가 되는 것이고, 평화 시위에 가담하는 목적은 사회 정의의 실현입니다.

• **반례**counterexample: 어떤 정의에 언급된 조건을 만족하면서 그 정의가 거짓이거나 불완전하다는 사실을 증명하는 예. (질문 #1 참조.)

• **비판적 사고**critical thinking: 결론을 증명하는 추론이나 논증을 평가하는 방법을 분석하는 철학(및 논리학)의 한 분야.

• **빅뱅 이론**Big Bang' Theory: 약 200억 년 전 밀도와 온도가 엄청나게 높은 소량의 물질이 폭발하여 우주가 생성되었다는 우주론의 이론. (질문 #26 참조.)

•**수단**^{means}: 어떤 결과를 성취하려는 방법이나 도구. 목적과 대비되는 개념입니다. 평화 시위를 개최하는 것은 평화를 얻기 위한 수단입니다.

•**스토아학파**^{stoicism}: 쾌락이나 고통, 삶을 안락하게 하는 수단들에 대해 무관심한 태도를 강조하는 윤리학의 입장. (질문 #4 참조.)

•**신학**^{theology}: 신의 존재와 본질, 신과 관련한 종교적 철학적 개념을 이론적으로 연구하는 학문.

•**실존주의**^{existentialism}: 인간의 '존재성'의 구체적이고 실질적인 측면을 강조하는 20세기의 철학 운동. 대표적인 실존주의자로 마르틴 하이데거(질문 #10)와 장 폴 사르트르(질문 #18)를 들 수 있습니다.

•**언어게임**^{language game}: 철학자 루트비히 비트겐슈타인이 사용한 용어로, 문장에서 단어의 조합을 통제하는 특정 규칙에 따라 언어가 어떤 기능을 하고 어떤 의미를 가지는지 설명하는 것. (질문 #17 참조.)

•**역설**^{paradox}: 모순처럼 보이는 결과를 산출하는 명제. 불가사의하거나 난해한 대상을 이해하는 한 가지 방법이 됩니다. (철학적 역설의 구체적인 사례는 질문 #11과 #38 참조.)

• **오류**fallacy: 부정확한 추론의 한 형태. (비형식적 오류의 예는 질문 #33, #35, #36, #37 참조.)

• **우주론**cosmology: 우주(코스모스cosmos)의 구조에 대해 철학적으로 연구하는 학문. (질문 #26 참조.)

• **원리**principle: 이론을 산출할 수 있는 기본적 개념들.

• **유물론**materialism: 모든 사물은 물질이나 물질이 결합한 상태로만 존재한다는 형이상학의 이론. (질문 #22 참조.)

• **윤리학**ethics: 우리가 인생에서 중요하다고 믿는 가치에 대해 연구하는 철학의 한 분야. (질문 #1~#10 참조.)

• **의미**meaning: 명제의 뜻이나 의의. 명제의 지시와 대비되는 개념입니다.

• **이론**theory: 가정과 원리에 근거하고 관찰과 추론을 사용하여 현실의 어떤 측면에 대해 설명하는 것. 예컨대, 우주의 기원에 대한 한 가지 설명은 빅뱅 이론입니다.

• **인공지능**AI, artificial intelligence: 컴퓨터나 기계의 기능에서 인간 지능과의 유사

한 점을 찾아내고 분석하는 학문. (질문 #20 참조.)

• **인식**knowledge: 세상의 사건이나 사실의 상태에 대해 객관적으로 확신하는 우리의 정신 상태. (질문 #16을 비롯한 제2부의 질문들 참조.)

• **인식론**epistemology: '인간은 어떻게 인식하는가'에 대해 연구하는 철학의 한 분야. (질문 #11~#20 참조.)

• **전제**premiss: 어떤 논증에서 이끌어 낼 수 있는 결론에 대한 정보와 그 결론을 정당화할 수 있는 이유를 제시하는 논증의 명제.

• **정의**definition: 어떤 개념에 대한 설명으로, 그 개념의 특성이나 의미를 진술하는 것. (정의의 네 가지 유형에 대한 설명은 질문 #40 참조.)

• **지각**perception: 우리 자신에 대해 내적으로 감지하거나 사물에 대해 외적으로 감지한 대상을 인식하는 절차. (질문 #14와 #19 참조.)

• **지시**reference: 명제가 가리키거나 지칭하는 대상을 일컫는 말. 명제 '모든 철학자는 행복하다'는 '모든 철학자'라는 류를 지시합니다. 의미와 대비되는 개념입니다. (질문 #21, #38 참조.)

• **진실**^{truth}: 한 이론(진리대응론)에 의하면 명제와 세상에 대한 사실 사이의 관련성을 뜻합니다. 예컨대 고양이가 방석 위에 있다는 사실이 증명되었다면, '고양이가 방석 위에 있다.'라는 명제는 참(진실)입니다. (질문 #12 참조. 진실에 대한 다른 이론은 질문 #29 참조.)

• **철학**^{philosophy}: 글자 그대로 풀이하면 '지혜에 대한 사랑'으로, 자기 자신과 세계에 대해 깊이 이해하고 지혜를 얻는 것을 목적으로 하는 학문. (이 책의 모든 질문 참조!)

• **추론**^{reason}: 결론을 이끌어내기 위해 전제를 결합하는 것. (질문 #39 참조.)

• **타당성**^{validity}: 논리학에서 어떤 논증에 대한 전제가 필연적으로 결론으로 이어지거나, 결론을 암시하는 경우. (질문 #39 참조.)

• **형이상학**^{metaphysics}: 일반적, 추상적 개념을 논리적으로 설명하여 현실에 대해 해석하고 분석하는 철학의 한 분야. (질문 #21~#31 참조.)

이 책을 교과 과정에 활용하는 법

40개 질문을 교과 과정에서 활용하는 법을 소개합니다. 물론 교사는 아래에 제시된 사례 이외에도 얼마든지 창조적인 적용이 가능합니다.

국어

- 질문 #31~40의 비판적 사고 영역

반 전체나 그룹, 개인별로 설명문 쓰기나 토론 수업을 하기 전에 배운다면 큰 도움이 될 것입니다. 학생들에게 혼란과 재미를 주는 유명한 논리적 역설인 질문 #38은 예외지만, 모험심이 강한 선생님이라면 이 질문도 빼놓지 않겠지요! 그 외에 활용할 수 있는 질문은 다음과 같습니다.

- 질문 #12, #16 _ 사실에 근거한 설명문을 쓰기 전에
- 질문 #17_ 허구 서사나 운문 창작 연습을 할 때

수학

- 질문 #23과 #24_ 산수나 수학의 기본 개념에 대한 진지한 접근이 필요할 때
- 질문 #25_ 시간과 수치 측정 사이의 관계를 설명할 때

과학

- 질문 #25_ 자연 현상에서 나타나는 움직임의 유형을 공부할 때
- 질문 #26_ 우주의 기원이나 진화에 관해 토론할 때
- 질문 #15_ 과학 법칙의 위상에 대한 토론을 유도할 때
- 질문 #22, #35_ 과학이 세상의 모든 현상을 설명할 수 있는지를 토론할 때

사회

- 질문 #8, #9_ 사회 정의의 중요성과 정의의 실현 방법을 공부할 때
- 질문 #5_ 시민의 의무나 사회 복지의 개념을 배울 때

기타 상황

- 질문 #3, #4, #6_ 새 학기가 시작될 때, 학업에 대한 올바른 태도를 고취해야 할 때
- 질문 #1과 #2_ 갈등을 해결해야 할 상황인 경우
- 질문 #10_ 교실에 기술 장비를 들여놓는 경우
- 질문 #20_ 그 장비가 컴퓨터인 경우
- 질문 #8과 #9_ 마틴 루서 킹 기념일에
- 질문 #27 _ 학생의 생일에 – 이 경우는 재량을 발휘해주세요!

감사의 말

이 책의 착상부터 완성까지 많은 도움을 주신 모든 분에게 감사의 말씀을 전합니다. 오래전 나에게 어린 학생들과 함께 철학을 공부한 경험을 글로 써 보라고 권했던 린다 클로위터 덕분에 이 책을 시작할 수 있었습니다. 리사 레너드는 청소년을 위한 '재미있는' 철학책을 써 보라는 아이디어를 처음으로 제시했지요. 질리언 바, 엘레나 크러시션, 스테파니 닥지스진, 제임스 헬러, 린다 클로위터, 마크 클라인, 루바 마케위츠, 수잔 래널리, 수잔 사포스니크, 쉴라 슐라가, 신시아 스프레이그, 샬로트 스티리츠, 조애너 시어도어 등 '청소년을 위한 철학'의 현장 테스트에 참가한 선생님들과 관리 직원들은 책의 내용과 구성을 개선할 수 있도록 소중한 조언을 해 주셨습니다.

제임스 덜릴 박사에게 특별한 감사를 전합니다. 언제나 바쁜 와중에도 시간을 내어 영재들을 위해 교재를 읽고 평가하였으며, 학생 및 교육실습생들과 함께 수업에서 직접 활용해보기도 하였습니다. 제니퍼 톰슨 박사는 영재들에게 철학을 가르친 경험과 정확하고 예리한 감각, 엄격한 철학적 사고를 바탕으로 소중한 조언을 많이 해 주었습니다. 내 여동생인 주디스 스토펠 박사는 어린 학생들에게 문학을 가르친 풍부한 경험을 활용하여 교재에 대한 유용한 제안과 비판적인 의견을 제시하는 한편, 참고도서 목록을 작성하는 데도 큰 도움을 주었습니다. 뛰어난 철학적 사고력을 시각 예술(그리고 유머!)과 결합하는 재능을 보여준 리디아 로시와 매냐 트리스에게도 감사를 전합니다. 또한 이 책의 발상에 큰 관심을 보여주고, 구성에 대해 많은 제안을 하였으며, 책 제작의 전 과정에 관여하여 최종 결과물이 세상에 빛을 볼 수 있도록 도와준 〈프루프록 프레스^{Prufrock Press}〉의 조엘 매킨토시에게 진심 어린 감사를 표시합니다.

부족한 원고의 전산 작업을 도와준 두 아들 대니얼과 콜린 화이트의 금욕적인 인내심에 감사하며, 원고가 최종적으로 출간되기까지 크고 작은 도움을 아끼지 않은 아내 매리 진 라라비에게도 큰 감사를 전합니다.

철학하는 십대가 세상을 바꾼다

세상을 이끄는 0.1%의 생각단련 프로그램

초판 1쇄 발행 2014년 2월 10일
초판 5쇄 발행 2020년 11월 18일

지은이 데이비드 A. 화이트
그림 셰릴 채플린
옮긴이 김효정
디자인 김태수

펴낸이 민혜영
펴낸곳 카시오페아
주소 서울시 마포구 월드컵로 14길 56, 2층
전화 02-303-5580
팩스 02-2179-8768
홈페이지 www.cassiopeiabook.com
전자우편 editor@cassiopeiabook.com
출판등록 2012년 12월 27일 제2014-000277호

David A. White ⓒ 2001
ISBN 979-11-950125-3-4

이 도서의 국립중앙도서관 출판시도서목록(CIP)은 서지정보유통지원시스템 홈페이지(http://seoji.nl.go.kr)와
국가자료공동목록시스템(http://www.nl.go.kr/kolisnet)에서 이용하실 수 있습니다.
(CIP제어번호 : CIP2014002659)